十年顛沛
一頑童

王正方

目次

1 克寧奶粉

我出生在湖南長沙湘雅醫院，早產兩個月，母親四十二歲。在戰火熾盛的歲月裡，高齡產婦與纖弱嬰兒都活下來了。哥哥比我大兩歲又五個月。

小時候家中的談話，多由聲音宏亮的爸爸主導，他說：

「你母親一直身體衰弱，又不得安寧的奔走逃難，在醫院裡剖腹生下了小方之後，惡性貧血，狀況非常危險，一定要大量輸血，打仗時期醫院的血庫根本沒有存血了。幸虧我們倆的血型都是O型，醫院當場給我做緊急輸血，三百CC的血才保住了她的命。」

「你生下來四天，第三戰區政治部下命令要我去帶一個演劇工作團，領著三十幾個團員在戰地巡迴演出。我實在很猶豫，但是你媽媽要我不用擔心，鼓勵我去就任。然後長沙戰事吃緊，你們必須逃到湘潭三角塘去。」

「小方剛滿月，我帶著兩個小孩一路走到湘潭就別提多辛苦了。」通常媽媽在這時候接下去：「我們在你爸爸的同事老蕭家住了大半年。」

「等我到三角塘去接你們，小方都九個月大了，」爸爸說：「呀巴呀巴的還挺能說的！

那段日子多不容易啊！你媽媽平常就睡不好，病歪歪的——。」

「我睡不好都是因為你打鼾的聲音嚇死人的，鼾聲震天。」母親平時講話的語音還正，說起四個字的成語時，南昌官話的口音便漏了餡兒。

「身體弱奶水不足，逃難的時候去哪裡找奶媽？」父親繼續講：「你餓得每天在那兒乾嚎，怎麼辦？」

「從傅伯伯那裡弄來一罐奶粉。」我在旁邊接腔。這段小方如何從餓死邊緣逃生的故事，大家聽得熟悉，每一段都可以背出來。

「對，是一罐美國的克寧奶粉，抗戰時候有美國奶粉可真叫稀罕哪！你媽每天沖奶粉餵你，還得省著點用，喝了三個月，沒有那罐克寧奶粉的話你根本長不大。」

「餵了兩個月又十八天，」母親更正：「最後幾次都淡到沒什麼白顏色了。」

「克寧奶粉的英文名字叫 Klim，它倒過來是什麼字呢？」

「倒過來是 Milk」我回答：「英文的牛奶。」「對囉！」

「逃難時候汽車有的是燒煤氣的，你們沒見過吧！」晚飯後爸爸喝著一杯滾燙的濃茶，嘟起嘴來響亮的嘬一口，聲音清脆，他說這是中國國粹：「煤氣存在哪兒呢？車頂上有一隻大口袋，煤氣足的時候車頂上的口袋脹鼓鼓的，煤氣快用完了，口袋就成了個難看癟癟的兩張大布片子疊在一塊，這時候男乘客都知道要下來推車了。一路上我們不知道推汽車推了有多少里，恐怕有三分之一的路程吧！上坡更非得我們來推不行，燒煤氣的車根本沒什麼馬力。」

「有一次我們二三十個壯漢推車上山坡，好不容易到了山頂，大夥累壞了正在擦汗喘氣，司機就放開煞車一口氣順坡溜，車子開到山腳底下去了。我們這批傻瓜在後面又叫又追的，哪裡追得上！」

「還好汽車在下面等著你們耶！」我替爸爸做註腳。

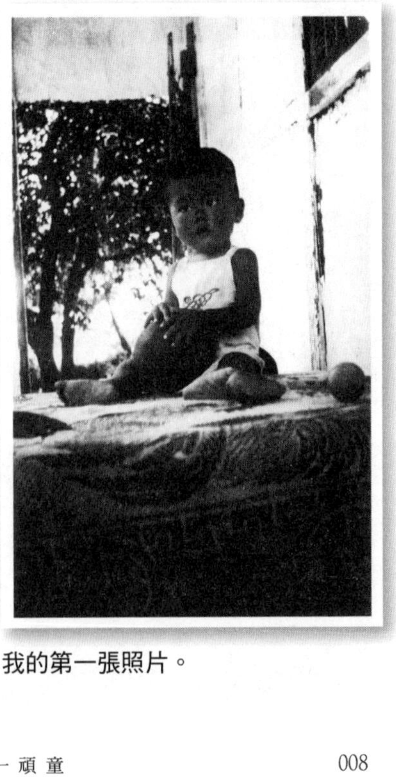

我的第一張照片。

「他不等我們不行呀！大家的車錢還有一半沒付給司機哩！在那個年月，汽車司機最有錢最神氣了，很多漂亮小姐都想嫁給他們。我們那個司機還算好的，他同我們解釋；汽車不能停在山頂上，目標太大，要是日本飛機過來，第一個就掃射汽車，全完了。」「爸，您再跟我們講那個司機接漏油的事兒。」

「你們都記得抗戰逃難的時候和我們一塊搭汽車的羅媽呀！有一次司機把車停在山邊休息，叫大家下車找地方解手。羅媽沒下車，說在車上替大家看著行李。後來司機發現汽車後面在漏油，急得馬上捧著雙手去接漏油。好嘛！當時的汽油比人命還值錢，接了一會兒油他覺得不大對勁，怎麼聞著有尿騷味兒呢？原來羅媽在車上實在憋不住了，趁著沒人她就在車上方便起來。」

「爸，還有我們在山溝裡躲警報。」

「是啊！快到江西邊界的時候，就聽見遠遠有飛機引擎的聲音，那時候中國沒有空軍，頭頂上飛的只有日本鬼子的飛機。司機把車子停在路邊大樹下，吆喝大家下車找地方掩蔽。山裡根本沒有防空洞，比較安全的地方是山溝；大家都抱著頭趴在溝裡，大氣不敢喘。鬼子的飛機有十來架，來來去去好幾趟，遠處聽見好幾次巨大的爆炸聲，不知道又是哪個地方有人遭了殃。抗戰時候中國人的命賤，隨時隨地就走一批，真叫作孽呀！」

「小方才幾個月大，平時最愛哭，」母親說：「幾次躲警報，他都瞪著眼睛一聲不吭，好像也懂得那是個大陣仗似的。」

「我們逃難不是還坐過船嗎？」

「哎呀！我最怕坐船了，人擠人的搶著上，還要走那塊從碼頭搭到船邊的木板，抱著孩子搖搖晃晃的，我馬上頭昏腿軟還想吐。上了船就暈，唉！那一段不記得是怎麼熬過來的。」媽媽皺起眉頭。

「坐船出人命的事最多。」爸爸說：「姜師長送姨太太去後方，派一名老實的勤務兵陪她。勤務兵先上了船，姨太太拿著手提包膽怯怯的走那條窄木板，勤務兵叫她先把手提包遞過來，然後捏住她的手，牽著慢慢一步步的蹭著走。遞過去的手提包很重，勤務兵估計裡面至少有好幾根金條，一時歹念起，順手使勁推了姨太太一把，她失去平衡就掉進河裡，河水那麼急，立刻滅頂，一次都沒浮上來過。兵荒馬亂的個個急著上船，淹死個人，誰也不當回事，勤務兵逃走了。」

2 獨坐危牆上

數十年後，我找到了母親的手稿，如獲至寶。她寫下當年那一段逃難到江西的經歷：

這時南昌已陷敵，衡陽到萍鄉的鐵路不通，浙贛路只有鷹潭段可以到上饒。現在只有繞道，由湘鄉至安福蓮花吉水至吉安，要徒步而行。有時能搭上便車，或僱獨輪車代步，拖兒帶幼其苦可知。有一次落店鄉村，這不是飯店，它是間油鹽雜貨店，老闆娘優待，讓床鋪給客人。這晚我因聞見那鹹臭味終宵不能入睡。次早起來見次子正方的小手上，不知被什麼蟲咬了五十多個紅點，真使我擔心了許久，怕是傳染病毒。而榻邊的苐青（父親字苐青）一直呼呼大睡到天亮。

到了鷹潭才搭上火車，來到上饒汪家園。這個村莊居民不多，因離縣城較近，政治部駐節於此。驟然成為軍政重地，人口增加若干倍，房屋自然不敷。先來的占住已感不足，等我們到來更無容身之地了。村中唯一留下的只有一座「社公廟」，那時無處安身，也只好暫時住下。一晚夜寒，次子被凍，全身冰冷，抱置懷中久久始暖。

有詩二首，云：

社公壇廟且容身，右是眠床左灶君，四面通風三面曬，號寒稚子夜驚魂。

斗室蝸居似楚囚，前鄰豬圈後鄰牛，深宵不寐踑踞坐，國難家愁事事憂。

我們互相戲稱對方為「社公、社婆」。

政府遷都重慶，準備長期抗戰。第三戰區成立幹部訓練班，他被選為幹訓團政治教官，負責訓練幹員，教導士兵識字。我們在民國二十九年六月，遷居鉛山縣鵝湖鄉的蔡家村。

鵝湖鄉比汪家園大，居住沒有問題。但孩子們的教育問題又來了。鵝湖鄉雖大，可是地處窮鄉僻壤，本地並無學校，即便有也不理想。許多同仁都為孩子的教育發愁。他是個熱心公益的人，自告奮勇請求為同仁子弟設立學校，揀選在教育方面有經驗的同仁眷屬任職，於是由我負責。使得許多失學兒童都能就學，甚至當地老百姓的孩子，也來就讀，大家都感欣慰。

每逢紀念週日，他就過來講話，講一些軍事情況、戰地消息、國家觀念、做人道理，亦莊亦諧深入淺出，那些孩子聽得津津有味，對國家民族的認識、對敵人的仇恨，一一油然而生。

1925年的母親。

我生平的第一個記憶是在某冬天清早，穿著厚厚的冬衣，雙腳離地很遠，獨自坐在一堵牆上，不停的哭。母親站在操場中心，喊口令、吹哨子，指揮一群小學生跑步做早操。幼年的記憶斷斷續續，怎麼就會記得這個獨坐危牆的畫面？因為後來有位學長一再提起它，便在我的記憶庫中確立起來。學長說：

「每天我們做早操，你就坐在牆頭上從頭哭到尾，一臉的鼻涕眼淚，有時候天氣冷，你的臉結起凍瘡。大家解散了曹老師才抱你進屋去，你從小就是個愛哭鬼。」

母親是人人尊敬的曹老師，小學校長，清早帶著全校同學晨跑、做早操。抗戰初期剛會走路的我沒人管，就把我放在操場邊一堵不算矮的破牆上坐著，怕摔下來不敢動，也只能在那兒嚎哭。哥哥告訴我，我還不會走路的時候，平常在家裡也經常被放在一張高椅子上坐著，不准下來亂跑，便嗷嗷不停的哭，實在煩人。母親的工作很忙，有時過來指著我說：「住口！」那時哥哥年紀小，聽不懂什麼叫做住口，以為是「漱口」，他一直納悶正在哭的小孩需要漱口嗎？

母親是江西新建港口村望族後裔，港口曹家在乾隆年間有六人前後中了進士，兩位官拜尚書，譽之為「一朝六進士、五里兩尚書」，世代書香傳家。媽媽的學歷輝煌：南昌女子師範學校、北京高等女子師範學院；民國初年，女大學生非常少，能夠讀到的最高學府，就是北京女高師了。

媽媽告訴我們的故事：「我和妹妹準備好一起去南昌上女子師範，先給你外公磕頭辭行，你外婆在一邊說，她們要去城裡讀學堂了，你給她們取個學名吧！從前的女孩子都沒有正式名字的。你外公抽著水煙，噴了口煙想都沒想就說：一個叫曹方一個叫曹文。名字簡單有氣魄，讀起來鏗鏘，其實他老早就想好了。」媽媽是正牌的「方官」，我這個後到的不肖子孫，承蒙祖恩，名叫小方也順理成章。

另一樁兒時記憶回來了；我們住在一間廢棄的破廟裡，破廟的院子很大，但是我不喜歡去院子玩，因為院子裡的馬糞臭味很重，圍牆上畫滿了一個個大小圓圈組成的靶標，這兒曾經有部隊駐紮過。

一家農舍離我們不遠，可以聽到他們家的大公雞，每天清早準時啼叫。根據哥哥的回憶，那家農舍經常殺豬，把一頭大肥豬的兩隻後腳捆起來，將牠倒吊在一根大樹幹上，然後一刀刀的屠宰，過程長，有好幾個鐘頭。逐漸喪失性命的肥豬在那兒嚎叫不止，開始時的慘叫聲響亮而淒厲，慢慢的哀號愈來愈弱。哥哥有一次跑到老鄉家的院子裡看殺豬，回來說吊在那裡的豬好慘，渾身是血。後來他經常作同樣的夢：一頭滿身沾了血漬的大公豬，在身後狂吼追趕著他，每次都是快要追到他的時候，幸好及時醒了過來。

1908年外婆與母親。

哥哥對那段日子的記憶豐富，他還記得：當年子弟小學的校舍是兵工團派人來蓋的，有一天突然聽見一聲巨響，剛蓋起的那一片房子，一聲巨響全垮下來，嚇壞人的。大概是因為兵工團的士兵，本來就不大會蓋房子。後來才建起幾間教室、簡單的宿舍，還有個升旗台等。窮鄉僻壤人才難覓，校長曹老師裡裡外外一把抓，學校裡還有哪幾位老師，年代久遠實在無法想起誰是誰來了。

偏偏卻記得兩位工友的名姓：一個叫皮世昌，另外一個是李得明，父親說他們都是當地純樸憨厚的窮人家子弟。皮世昌長得傻大黑粗，在廚房工作，不時的出點狀況，某次他把最大的水缸打破了。李得明不太會看鐘錶上的時間，要他搖上下課的鈴鐺，掌握課堂作息，小李經常出錯。父親隨口編了兩句順口溜：「皮世昌打破缸、李得明亂搖鈴」，到現在我們還記得。

爸爸對語言的運用有獨到之處，隨口就能說出成腔成調、押韻上口的句子來；我們兄弟倆精力充沛滿屋子跑，他會開心的來一句：「歡蹦亂跳瞎胡鬧、上海買不到」；遇上哥兒倆吵架，他說：「哥哥弟弟要和和氣氣」，通常我們還在糾纏不清，他又說：「這是哪兒跟哪兒呀、藍褲衩兒呀！別鬧了。」

繞口令更如家常便飯，頃刻就來上一句：「大花碗底下扣著大歡活蛤蟆」、「長蟲圍著磚堆轉，轉完了磚堆鑽磚堆」；歇後語更是他的特長，勸勉年輕朋友要勇於表達，在節骨眼子上不能像「王小過年，沒話（畫）。」[1]有次去找朋友，事先沒聯繫好，人家鎖門恭候，他回來兩手一攤說：我成了「屎蚵蜋碰上個拉稀的，白跑一趟。」[2]有人愛抱怨，他說：別像蒼蠅坐月子，懷著一肚子的蛆（屈）呀！

小時候父親同我們講很多故事，有歷史上的佚事、趣事等等。他認為中國的歷史太多帝王的起居注，淵源來自極權統治；古代皇帝唯我獨尊，前呼後擁的一舉一動都要列入記載。那還不過癮，平時又有個官員或太監負責「讚禮」，皇上每做一件事，那位讚禮人就得大聲的喊出來，譬如：起駕、上朝、更衣、用膳……。萬歲爺小解將畢，太監估計時間差不多了，就喊著：「甩！」有提醒的意思。

老爸畢業自北京師範大學國文系後，在中華大辭典編纂處當編輯，瞞著爺爺偷偷去廣州加入國民革命軍北伐，任軍團司令部文書官，經歷過龍潭戰役。他多次講起龍潭之戰決定性的那一夜，軍閥孫傳芳出其不意揮兵攻打駐紮在南京附近的革命軍第一軍團，北伐軍寡不敵眾戰況不利。他們在軍團司令部接電話、發電報，焦躁的等候前線傳來的消息。爸爸說：「整個晚上就在聽電話裡司令官李宗仁用西南官話喊：押配（壓迫）、押配，繼續押配！」結果孫傳芳的部隊壓迫過來了，司令部急忙撤守，要不是白崇禧的部隊及時趕到支援，那天晚上大家都要去閻羅王的殿下報到囉！

老實講，聽老爸講這段北伐軍反敗為勝的故事，哥兒倆都覺得挺失望的；怎麼沒有槍林彈雨、衝鋒殺敵的場景，只有一群人在司令部裡接電話、發電報？

1 「王小」在北方語言中是個典型的貧窮弱勢人物，過年的時候，家中連一幅年畫也沒有。此處取「話」與「畫」的諧音。

2 華北地區有「屎蚵蜋」昆蟲，以動物糞便為食，經常大批出動，將糞便滾成球狀，一一搬回去。若遇到瀉肚的，還滾什麼屎球呢？便白跑一趟一無所獲了。

1930年代母親的沙龍照。

3 爸爸是我們的打虎武松

父親是部隊裡的文官，從沒有真正使用過刀槍，也不懂指揮作戰。抗日軍興，他第二次投筆從戎，擔任抗日第三戰區中校教官，負責贛東地區的士兵教育、抗日宣傳工作。爸爸經常不在家，那時候我們年紀太小，不知道他每天忙什麼，但是最喜歡聽他講翻山越嶺打毒蛇、聽見老虎在不遠處吼叫的故事。

父親在東南戰區的某廣播電台，每週都有節目；到底是什麼節目我們一直也沒聽到過，因為學校裡沒有收音機，收音機是高級設備，重要機構才能配到一台。抗戰時期的通訊設備簡陋原始，人力發電，以踩腳踏車的方式驅動發電機；廣播電台設在近郊的一座山頂上，在山上架起天線來，讓訊息遠傳。上廣播節目就得到山頂去做現場直播，山路不好走，有些地方根本就沒有路，遇上天雨路滑，一不小心就會連滾帶爬的摔下山去。

年逾四十的爸爸，開始發福，胖墩墩的攀登山路有點吃力。有一次他獨自去廣播電台，到半夜才回到家，進得門來他一身的泥濘、臉部身上都有傷痕。傍晚的雨勢大，山路看不清楚，順坡滾著滑下來好幾次；草叢間處處有蛇來回竄走，他被一條尺來長的蛇咬到小腿。捲起褲腿來，一片紅腫，傷口的血凝固成一大塊，希望那不是條毒蛇。第二天清早，聽見爸爸用二百五的江西話和老鄉大聲講話，然後開心的向大家宣布：「剛才給老鄉看了傷口，他說傷口不發青發黑就不是毒蛇咬的，我沒事。」

母親寫過一段：

有一次是舊曆除夕，廣播完畢很晚了，勤務兵提著燈籠，兩人上路回家。鄉間道路本不易走，加上天寒地凍，月黑風高，泥土石塊，高低不平，途中必須經過一處亂葬崗。他們就在裡面轉來轉去找不到出路，直到晨雞三唱，天色漸明，才認出道路，回到學校天已大亮。勤務說：教官，您真膽子大，我都嚇得心裡噗通噗通的跳呢！你還在有說有笑的。他笑著說：人不要怕鬼，鬼才怕人呢，因為人有正氣。

朋友送他一根結實的竹杖，三尺長、有小臂粗細，杖頭自然的作彎曲狀如蛇頭；杖尾以銅圈子套住，用它來驅蛇打蛇很順手，成為他日後登山的必備工具。那位朋友在上面刻寫了一首詩，現在只記得全詩中的一句：「揮杖橫掃五千軍」。確實很符合爸爸當年意氣風發的那股子氣勢，記得有一次他說到慷慨激昂處，當著滿堂的學生，舉起竹杖高呼：「我就要用這根棍子，痛打那批既不見仁又不見智的混賬糊塗蟲！」

抗戰時父親戎裝照。

有一回他差點撞上山中母老虎。這故事也聽過許多遍了，有一次我提出疑問：「爸，你們只聽見老虎在後面叫，又沒見到牠，怎麼就知道那是頭母老虎？」

「哈！這你就不懂了，」爸爸又從頭講起：「那天太陽下山得晚，涼涼的，一路哼著梆子腔，乘著風下山一點兒都不累。走在前面的勤務兵突然緊張的說，我聞到氣味！有氣味，什麼氣味？老——老虎！哪兒來的老虎，我沒看到呀？高處的一堆樹叢，枝葉微微浮動著，我朝著那個方向高聲念京戲道白：『哪邊廂又是何方神聖，來將通名呃！』一會兒，傳回來的是一陣低沉的虎吼聲，嚇壞人了，我們拚命跑，身後的虎吼連續不斷，幸好愈來愈遠，牠沒追上來。老虎的吼聲最特別，頻率低但厚重有力，傳得遠，震得人心亂顫悠，直哆嗦。

「後來當地老鄉說，那次肯定是吵到帶虎崽子的母老虎了，做母親的嫌我們討厭，就吼了幾聲趕人。老虎吃人會先躲在樹叢裡一聲不響地等著，突然竄出來攻擊，那就逃不掉了。」

「爸，要是真的老虎跳出來咬你，你就用手槍打死牠？」「大概不行，爸爸不太會玩那個玩意兒。」「那就同武松一樣，拿棍子、拳頭去把牠打死。」「恐怕也不行，我沒有武二爺的一身好武藝。爸爸只會說山東鐵板快書，武松過景陽崗那一段兒。」「好耶！爸再說一次武松打虎吧！」

老爸拿起一根筷子敲打茶几，那是快書的鼓點子，嘴中發出「匡七裡匡、匡七裡匡、匡七裡匡起裡匡」的聲音，那是伴奏，再以純正的山東魯西口音開講：

「上台來一概的閒談不交代，俺這邊就拉開了當年的書半章，前一回表的是文武滑稽潮流笑談第五才子的水滸傳，咱們還有兩段兒緊接上。論聽來單表哪一個？回門來就表武松武天罡。話說那武二爺喝了十八碗上好的酒，蹶蹶趔趔上了景陽崗，涼風一吹——。」

「十點多了，都給我睡覺去，」母親打斷這一場：「小孩子明天不用上學的嗎？」

4 用心聽就學得好

母親是位嚴厲的老師，這一點我最清楚。生平頭一次坐在教室裡上課，剛過五歲，就跟著小學一年級的同學上課；並非我的資質太優秀，是因為家裡沒人帶這個皮孩子，乾脆就放在課堂上課好了。講台上的老師是我媽，她要求每位小朋友坐得正、腰板挺直了、抬起頭來、收緊下巴、雙手背在身後、兩眼看著老師、要注意聽老師講的每一句話。能叫幾十名小猴子安靜下來，老師必須不時的問個問題，下面就齊聲響亮的回答。這樣子挺著個勁上課，不到十分鐘就累了，但是聽課時注意力集中，學習效率就高。

「小方平時一點也不用功，考試還考得不錯。」有一次媽媽給我下了評語：「是因為他上課時候好注意的在聽。」

在那個古老物資貧乏的年代，鉛筆、橡皮、書籍、紙張、粉筆都非常少，課堂上大家共用一本課本。教育兒童多以「聽聞」方式為主，上課必須用心聽老師講，不能漏掉一句，因為下課之後就沒有書本可供複習了。老師大聲重複的講，孩子們用心聽，記下來。

也有幾本兒童讀物，是一九三〇年代上海良友出版社出的書，存放在子弟小學的閱覽室內，大家看得熟透了。記得有本書叫《十希奇》，講十件世間的希奇古怪事情，每頁都有全版彩色圖畫：一希奇：一座寶塔賊偷去；上面畫了一名穿黑衣服、蒙黑眼罩的人，賊頭賊腦的扛著巨型寶塔下山；二希奇：蚱蜢吃了隻大公雞……；四希奇：四隻狗爪長出來的是黃牛蹄……。年代久遠，其他的希奇實在記不起來了。

在家裡背誦唐詩是固定功課，只有一本破舊的《唐詩三百首》，小孩子不准碰，母親念一句，就跟著重複一句，每首詩來回念它幾遍差不多就能背下來。懂不懂意思？大人不做講解，自己也不會問這種問題，能琅琅上口，押韻好聽，你還要怎樣呢？「床前明月光……」當然懂，還會隨機改詞兒；洗完澡在床前等著換衣服，我說：「現在我是床前脫光光，嘻嘻嘻！」被媽媽訓斥：「胡說！」但是她好像在偷笑。

自己也會胡亂解意；「獨坐幽篁裡，彈琴復長嘯……。」幽篁怎麼寫是啥意思，還沒人教過。某次我在一片柚子樹底下發傻，看到許多隻柚子都發黃了，就悟到王維的意思；幽篁就是柚黃，他大概是獨自坐在開始發黃的柚子樹下彈琴唱歌吧！

在「聞音生義」方面，我也屢有創意。傅伯母來家裡同母親聊天，我靠在一旁靜聽，傅伯母身體弱，臉色不好，她抱怨有長期「失眠」的毛病，偏僻的農村，又去哪裡找醫生，就這麼拖著吧！休息不好真痛苦。伯母走了以後，我低聲問母親：「她也跟我一樣，晚上有尿床的毛病？」「小孩子都在亂說些什麼呀！」「剛才傅伯母不是說每天晚上都會『濕棉』嗎？那就是憋不住尿，小便在被窩裡，把棉花尿濕了呀！」

5 學唱戲、我乖了嘛！

部隊有個京劇團，他們偶爾會在附近空地上演出，那可是一樁大事，全校師生職員都結隊去看戲。臨時搭起來的戲台子，台前的場子上擠滿了人，來自四面八方的老鄉們坐在自己帶來的小板凳上，仰著頭、張開嘴，看戲看得入神。通常是從下午演到晚上，晚間的舞台點了許多燈籠，老遠就看到它光芒四射的十分搶眼。

我們最喜歡的戲是《白水灘》；武生十一郎穿緊身衣靠，著一雙薄底快靴，手持銀色長棍，另外一人名青面虎，他大概是個土匪。十一郎用手銬拴住了青面虎，兩人在舞台上你進我退的扭打，一下子翻觔斗、就地打滾。後來十一郎單獨在空闊的舞台上隨著鑼鼓點子耍銀棍子；但見他愈耍愈快，銀棍在手中轉圓圈，轉到頭部、腰部、背著手也能轉它，而且速度步步加快；舞台上的燈火照下來，銀棍變成旋轉成片的燦爛銀光片，在那位武將的身前身後上下顫抖竄躍著；鑼鼓點子聲聲急促，突然小鼓清脆的敲打幾下，鑼鼓齊鳴後，戛然而止，十一郎以弓箭步在台前扭過頭來瀟灑的收式、亮相，真叫帥呀！台下的叫好聲震得我耳朵發癢。

之後我們兄弟二人就不斷的演起《白水灘》來，追追打打的沒完沒了。可是每次我都得演青面虎，是個挨打的角色。我簡直愛死了那套耍銀棍子的絕活了，揀了根還算直，有我半個人高的樹枝，一個人得空就在院子裡又耍又轉它，嘴中滴滴答答的胡亂敲起鑼鼓點子。多數是轉它兩圈就掉在地上，玩這套功夫沒有師傅教恐怕不行。有一次忘其所以的在屋子裡也耍了兩下子，樹枝敲中一隻杯子，但沒敲碎，被母親臭罵著轟出房門去。

父親開導我們：「京戲講究唱、做、念、打，打只是其中的一部分。你們小孩子跟外國人一樣，一開始迷上京戲裡頭的翻觔斗、武打，不懂唱、做、念，這也得要經過一定的過程。以後多看戲，然後就能琢磨出京戲的迷人之處了。」

我聽了還是不受教，要求爸爸找師傅來教我耍銀棍子。

「練到《白水灘》裡的那身武功太不容易了！人家說，台上一分鐘，台下十年功。六、七歲的孩子送到戲班子裡去，天不亮就起來練功，練不好師傅用鞭子打，你受得了嗎？」

母親認為我每天天亮很久了還賴在床上不起來，而且又有尿床的毛病，戲班子根本不會收留我。但是有戲師傅經常拿皮鞭子管教，倒是對我挺合適的。

爸爸年輕的時候在北平聽過最好的京戲，最初跟著大家迷余大賢（叔岩），後來他更欣賞言菊朋，說言的念白講究，平仄音韻都暗合古意，最能得到知識分子的偏愛。爸爸唱起京戲來挺有味道的，他最喜歡哼那一句：「老天爺，不絕我的後代根哪！」母親認為是因為他都快四十歲了才得了個兒子，然後又有了老二，老天爺對他真的不薄哇！當然，母親的功勞更大。記得傅伯伯抱怨傅伯母：妳去醫院開刀，開出兩隻瘤子來，人家王太太住院兩次，每回都抱了個大兒子回家。

父親最推崇京戲中唱功，那才是精髓。決定教我們兄弟倆學唱一段，選了《捉放曹》的開場：曹操、陳宮乘馬上台，起首有四句：「八月中秋月光明（曹操唱）、行人路上馬蹄忙（陳宮唱）、坐立雕鞍用目望（操）、見一老丈站道旁（宮）」。我們兄弟二人學戲，沒有胡琴、鑼鼓，從沒見過或聽說過什麼留聲機、唱片那種高級東西，憑著耳朵用心聽爸爸哼他那幾段唱腔，就一句句的跟著唱起來。花臉黑頭唱曹操，陳宮是老生唱腔。

學會這四句也費勁得很呢！爸爸的標準高，他說：要學就得學最好的，唱老生總得有點子余叔岩老闆的味兒、黑頭要唱出金少山的那一股子勁兒，聲音就像是從脊梁後邊竄出來的！哥哥要唱陳宮，我就必須演曹操了。這可難為人哪！我的娃娃音，怎麼學得會粗聲霸氣的黑頭唱腔？就憋足了氣擠著嗓子唱，苦練不已。我還對唱詞提出疑問：「坐立雕鞍用目望」，那麼曹操是坐在馬鞍上，還是站在馬鞍上用目望呢？可把大人問住了。

幾天後爸爸給了我答案：「應該是『坐離雕鞍』，曹操雙腳踩住馬蹬子，屁股離開馬鞍，這樣身子就能高一點，看得更遠。」「為什麼，曹操的個子比別人矮嗎？」

「對唷！《三國演義》裡是這麼說的：曹孟德身長七尺，其他人像劉備、諸葛亮、張翼德都是八尺有餘，關雲長有九尺身材，不知道古時候的一尺有多長，但是比人短了兩尺，他怎麼能夠不矮呢？」

練了一段時間大概有那麼點意思了，父親不時的要我們兄弟倆在親朋好友面前露一手，還帶點做功的，唱完了大家多拍手叫好，說小小年紀這麼認真的唱，真不容易。可是我老覺得是靠年紀小，才獲得了點喝采吧！某次表演完了爸爸問在場的聽眾：「你們覺得好不好呀？」有人說：「看小方唱起來腦門子的青筋都暴起來，滿怕人的耶！」父親還教我唱一段曹操的：「恨董卓專權亂朝綱，欺天子壓諸侯，亞似王莽……」哥兒倆的京戲，後來也未能繼續，造詣就止於這麼一點點。

我的額頭上長了一個癤子，母親就用棉花沾點酒精在癤子上抹抹。癤子愈長愈大，像一顆大栗子一樣，顏色變得青黑，又疼又癢的，還開始化膿。抗戰時期東南戰區的偏遠農村，醫療設備和醫護人員非常缺乏。有一天爸爸帶了一位醫官回家，醫官從手提包裡拿出亮晶晶的刀和剪子來。大人同我說，醫官叔叔來替你治癤子，治好了就不會再疼了，額頭又平平的很漂亮。大人在兩旁按住我的肩膀，醫官叔叔給我開刀。先用酒精清洗了一下，然後一刀割下去，疼得我立刻跳起來，爸媽又把我按回去坐下，我只有在那兒縱聲嚎啕大哭！不上麻藥就開刀了，這裡是戰地，哪來的什麼麻藥？嚎哭了很久手術還沒完，最後自己也沒力氣了，改為哀求：「爸爸，我乖了嘛！我已經乖了嘛！」

後來哥哥告訴我：「開刀的時候你說已經乖了，爸爸就在那兒掉眼淚。」

有一次一位剃頭師傅挑著擔子在附近兜生意，一下子就圍上許多人，老鄉們一個接一個的坐下來剃頭。師傅用一把可以摺疊起來的長剃刀，在每個人的頭上刮，又不時將剃刀在一張長條形的皮革上磨磨蹭蹭的擦著，剃刀永遠是亮晶晶的，不用多久就刮好一顆光頭。生意做得差不多了，剃頭師傅轉過來問我們兄弟二人，要不要和其他人一樣，也剃個光頭？大概是鬼迷心竅，在沒有得到母親允許的情況下，我們哥兒倆就坐下來讓他一一給刮成了兩個光禿蘿蔔頭。母親事後匆匆趕到，付了剃頭費，又狠狠的痛罵了我們兩個一頓：

「剃頭也不來問媽媽，這些挑擔子剃頭的最不衛生，要是傳染上了癩痢頭，我就不再管你們的事了。」

媽媽料事如神，我們都染上了癩痢頭，頭皮發癢、長瘡、流血、潰爛，長年治不好。癩痢頭是我們童年揮之不去的羞恥記憶，受盡了各種嘲弄和治療的痛苦，癩痢頭陪著我們長大。

6 鵝湖山下

父親的辦公營區，就在鉛山（讀作沿山）河口鎮的鵝湖山下，距離鵝湖書院不遠。鵝湖書院是當年朱熹、陸九淵、呂祖謙講學的地方，南宋詞人辛棄疾長年住在鵝湖。辛大師在詞句中不時提到這個山明水秀的地方，有名句曰：「我見青山多嫵媚，青山見我亦如是」，青山就是指鵝湖山吧！

父親每天在鵝湖山下的工作，與古聖先賢講經說道、吟詩作賦的差距很大，他負責新兵識字教育。抗戰期間徵募來的士兵，多數是就地徵召的農家子弟，他們幾乎一律沒有受過任何教育，絕大多數是文盲，純樸老實，入伍訓練的教官抱怨，他們有的連左右都分不清楚。新兵只會說連南昌人都不太懂的上饒話，更不用說講國語了。父親編了一套「新兵識字課本」，先教新兵熟記三十七個注音符號，學會了拼音，再教他們識字，每個國字旁邊都有注音符號，幫助發音。

幾個月下來，新兵學認字的成績很好，父親很興奮，經常叫幾名成績優秀的同學出列，大聲講幾句話，字正腔圓的震驚全場。某指揮官大為讚賞，說：「王教官，我也來你的識字

1940年父子仨。

1940年在鵝湖母子仨，母親把我當女兒養。

班上課好了，順便把我這一口鄉音給糾正過來。」

父親為新兵組織了一個合唱團，能表演許多首抗戰歌曲。有人為他們譜了一首新歌：〈鵝湖山下〉；曲調已不復記憶，歌詞還記得些許，因為是父親撰寫的歌詞，詞曰：

鵝湖山下來學文，鵝湖山下來學武；學得文來安天下，學得武來打狼虎；安天下、安天下、打狼虎、打狼虎……。

新兵合唱團的功力大進，又練好了幾首二部合唱的曲子。父親帶著他們在各地巡迴演唱，老鄉觀眾們的反應都非常熱烈，但是老鄉們對二部合唱有點意見：「唱得當然很好啦！就是不太整齊。」

父親經常提起在鵝湖山下教新兵識字的那段日子，那時的生活非常清苦，朝不保夕的，也不知道日軍什麼時候就會打過來。每天帶著上千名原來一無所知的新兵，看著他們天天在進步：學會了打仗抗敵的本領，也認識了不少字，能夠表情達意，又懂得了些作人處世的道理！父親的成就感非常大，認為未來的他們，很多會成為社會上扎實有用的人，為咱們的國家做出很多貢獻。

一切必須從教注音符號開始，這是怎麼說的呢？數百年來中國積弱不振，抗戰時期的文盲可能占了人口的九成多，民智如此低下又如何抵抗列強的凌辱？普及教育是振興國家的首

1941年鵝湖哥哥（右前）我（左前）。

1939年第一張全家福。

要任務，掃除文盲是普及教育的第一步。學中文最有效的方法就是從拼音學起，有注音符號的輔助，就能發音準確，四聲正，識字造句隨之而來，進步之神速，往往出乎意料，令人刮目相看。

父親在北京師範大學的恩師是名語言學家黎錦熙教授，黎老師一向主張要在全國推行國語，學習注音統一語音，繼「書同文」之後更必須要「語同音」，是乃強國之道的首要關鍵工作，然後方能忝列於現代國家之林。爸爸篤信黎老師的主張，畢業後就以統一語音、推行國語為終身的任務。但是在此之前，父親一直在中學教書、編纂中華辭典，到了鵝湖他才有了實地教老百姓識字的經驗；從注音符號開始，逐步教會了成千的新兵認字。頭一次實踐了黎老師的理論，獲得斐然的成果，那種非凡的振奮和喜悅，實非筆墨可以形容。

新兵訓練中心沒有維持很久，因為日軍發動了規模遍及浙江、江西一帶的浙贛戰役，來不及完成訓練的新兵，都投入戰場，抵抗裝備優越的鬼子兵，在戰場上犧牲的人數很多。

7 大公雞啄小雞雞、「雞捏我爹」

子弟小學遷到另外一個地方，安洲。還是母親負責管理全校的事情，但是她不是校長了，校長是那位曾到我們家來談「失眠」的傅伯母，工兵團團長夫人。子弟小學的經費由他們工兵團來籌措，團長夫人當然要掛名當那個校長。

母親是學校的負責人，她教學有方，管教嚴厲，名聲遠播，已經傳到鄰省去了，有從百多里之外送來就讀的學生，也有當地農家子弟。

學校地處偏遠，許多男女學生住校。操場空曠，有升旗台、滑梯、蹺蹺板，但是沒有球場，下了課同學們就在空場子上跑來跑去追著玩。父親從部隊帶回來幾顆不大不小的皮球，他教小朋友打籃球，大家好喜歡。沒有籃球架子怎麼打籃球？爸爸就站在那兒不動，兩隻胳臂彎在胸前當籃框，球投進去算兩分，比賽得還很激烈。

我們家就在學校的後面，院子裡竹林茂密，養了一群雞。我最喜歡坐在大門門檻上看群雞爭吃穀子，給每一隻雞起了《三國演義》裡面的名字。那時還看不大懂《三國演義》，但是平時看野台子京戲、爸爸哼的一段段老生唱腔，多數是三國故事。

父親講〈虎牢關三英戰呂布〉；呂布年少英俊，使一枝方天畫戟，跨赤兔千里馬，劉關張三兄弟圍著打也贏不了他。怎麼會這樣，關雲長的大關刀也不管用了，什麼又是方天畫戟，那麼厲害？爸爸畫了個方天畫戟給我們看，有三個尖刃，樣子怪怪的，比其他的兵器長。

老爸說：「古代兵器，一寸短、一寸險，方天畫戟揮舞開來，別人近不得身。」「張翼德用丈八蛇矛，也很長呀！」「那倒也是，」爸爸想了一想然後有個結論：「關張兩兄弟卯起勁來打，呂奉先絕不是敵手，偏偏那位武功平常的劉玄德要過來湊熱鬧。你知道劉備用什麼兵器？」「雌雄雙劍。」

「對呀！寶劍才不過三尺來長，他就在那兒做樣子雙手掄劍比劃，就像小方打架，急了掄起王八拳來亂打，有什麼用？關張二兄弟還得保護著他，別讓呂布抽個冷子橫過來戳一戟，傷了劉皇叔麻煩可大了，這個仗怎麼打？」

之後我認定呂布才是真英雄，劉備的武藝差得太遠。

竹林子裡有隻小公雞，平時把頭仰得高高的，大步走來走去左看右看的很神氣。見到別的雞咬著條小蟲子，牠就跑去三下兩下搶過來。連大公雞嘴裡的食物也敢搶，跑得飛快，大公雞追不上，然後還能邊跑邊吞吃蟲子。這頭小公雞當然就是呂布。呂布經常和別的公雞打架，牠鬥起來的時候脖子挺得筆直，小雞冠矗立著，雞毛蓬起來，跳得比對手高，嘴裡唧唧咕咕的叫，多數不會互相啄到，作作樣子嚇唬對方，有一方退下來，戰鬥結束。通常呂布都是贏家。

那隻老公雞塊頭龐大，所有的公雞母雞都與牠保持距離。那還用問，老公雞就叫曹操。牠從來不跑，步伐沉重，曹老雞性子上來就追母雞，站在母雞的背上歪過後身來和母雞對一下屁股，然後跳下來得意的呱呱呱叫一陣子。

我們家做飯的李嫂，講一口當地河口話，我差不多都聽得懂了。她說：「老公雞爬到母雞的背上去，那些母雞就會孵小雞了，以後我們就有更多的雞，多好呀！」

李嫂預備一個窩，選出十幾顆蛋來放在窩裡，那頭母雞就天天在窩裡孵蛋，偶爾離開窩到外面吃點東西。時間到了，就聽見小雞吱吱咂咂的叫，十幾頭黃毛小雞滿地亂轉。我一直不明白，李嫂怎麼知道哪一頭母雞要孵小雞了，她預備的蛋都一定孵得出小雞來呢？李嫂咧開嘴笑：「鄉下人就曉得，你們學生仔也不用知道呀！」

有一天我吃飯的時候穿著開襠褲，其實那種丟人的褲子我早就不穿了，因為那天沒褲子換，母親隨手找了條過去的開襠褲給我穿。曹老雞很賊，每到吃飯的時候就溜進屋子裡來，在飯桌底下遊走，專揀掉下來的飯菜吃。牠經常在我的座位前後巡邏，因為我吃飯時最會掉飯粒子。那天很餓，我扒飯扒得快，有不少飯粒子掉在身上褲子上。忽然我的小雞雞頭一陣劇痛，便由不得縱聲大哭，曹老雞快步跳過門檻，逃到院子裡去了。仔細檢查，我左邊的包皮破了，血慢慢從傷口滲出。

這起案子的原委也簡單，我穿開襠褲，那話兒就露了出來，有顆飯粒子落在上面，曹老雞挺起脖子來有半個人高，搖晃著鮮紅的大雞冠，牠眼明嘴快，就近猛的在我那處啄了一口，釀成流血事件。

母親作了機會教育：吃飯要坐直、專心、細嚼慢嚥，就不會扒飯扒到滿身都是飯粒子。曹老雞啄小雞雞的事，被家人取笑了一輩子。

從此我躲著曹老雞，牠還是滿院子欺負其他的雞，這個傢伙滿討厭的。

爸爸請客，李嫂做了好多道菜，客人讚不絕口。李嫂得意的說：「還有一鍋雞湯。」她端上一隻大湯鍋上桌，打開鍋蓋，熱氣騰騰的香味四射，賓主發出一片叫好聲。我看見鍋中有一隻大公雞頭，眼睛閉著，呈死灰色的大雞冠浮在湯面上，曹老雞軟趴趴的躺在鍋中。我衝到廚房大喊：「李嫂，你把牠煮雞湯了呀？」然後我止不住的哭了出來。

李嫂說：「你爸爸臨時要我加菜的呀！莫哭莫哭，老公雞啄到你流血，牠不好。」「可是我沒有要吃牠呀！」「沒關係，你喜歡的小公雞長大了，叫什麼綠柏呀？」「呂布。」「對囉！你看牠現在多神氣，也會爬到母雞的背上去，不用擔心。老公雞太老了。」

我喜歡坐在門檻上呆看院子裡的竹林，有好多麻雀飛上飛下，牠們的話多，雙腳跳著往前走，偷吃雞的飼料。風吹在竹葉子上的聲音，像有人在不停的撕紙。再細細聽，隨著微風去來，總是聽見有人說話，忽近忽遠或有或無的。靜下來是另外一種聲音，聽起來最舒服。

我們都很怕兵工團的團長傅伯伯，他是撥錢辦小學的老闆。穿著筆挺的黃呢子軍裝，腰上一條寬皮帶，一根細皮帶從右肩斜著掛下來，講話聲音很響亮。爸爸和他見了面就說個不停，同聲大笑的時候，聲震屋瓦。他女兒燕寧和我同班，燕寧和我挺要好的，她偷偷告訴我，因為我長瘌痢頭，她媽媽不准她同我玩，但是她老忘記，又跟我玩起來了。

有一次傅伯伯來學校演說，全校師生站在操場聽，他講平常在部隊裡的那些訓幹部的話，小學生聽不懂，搖搖晃晃的站不住，傅伯伯好幾次叫學生要好好聽演講。燕寧也和我們站在隊伍裡，忽然聽見傅伯伯大吼：「傅燕寧，妳給我站出來！」大家嚇壞了，燕寧堵起嘴來往前走了兩步。傅伯伯一直罵燕寧不守規矩，站在隊伍裡同旁邊的人講話，旁邊的那個人就是我。傅伯伯愈說火氣愈大，他喊：「傅燕寧你給我跪下！」燕寧開始哭，哭得好可憐，但是她就是不肯跪下來。然後傅伯伯突然扭頭離開了。這個人好凶喔！

母親跟爸爸提了好幾次：「傅ＸＸ在小學生面前逞什麼威風嘛！嫌學校辦得不好，你就來罵我呀！當眾侮辱自己的女兒，算什麼英雄好漢！」爸爸嘆了口氣：「唉！他這人就是個法西斯！」

班上和我最好的同學是個本地的農村孩子，特別矮；下雨天他頂著一隻大斗笠，上面寫著「毛提摩太」四個大字，很怪的名字。母親說：毛提摩太是全校最聰明的孩子。媽媽的話是權威，我完全相信。毛提摩太究竟有多聰明？每堂課老師問問題，他總是第一個舉手，答案脫口而出，從來沒錯過。他還會說出一長串的外國話，告訴我那是拉丁文。問母親：「什麼是拉丁文哪？」「拉丁文是古代的歐洲語言，現在沒有多少人會了。」「怎麼毛提摩太就會呢？」「是嘛！他一定是跟天主教神父學的。對喔，所以他的名字叫提摩太。」

安洲兵工子弟小學左起傅伯伯父親母親傅伯母。

毛小鬼一家信天主教，神父看他聰明，訓練他念誦彌撒中的拉丁文，這小子的記性好，念幾遍就會背。做彌撒的時候，他當輔祭。聽他嘰哩咕嚕不用喘氣的念拉丁文，真的好佩服，怎麼記得住那麼長一段又一段的？他說，做彌撒輔祭挺容易，跟著神父跪下又站起來，接著神父念兩句，到時候搖三次鈴，一會兒再去祭台中央，向教友鞠躬、甩香爐。剛才他念的那一段好長的拉丁文，是神父舉起雙手來同天父講的話，他也都記住了。我問他：「那是什麼意思呢？」毛提摩太就用江西話說了一段，我聽不懂。他說：「我只會用江西話來講，哎呀！算了，反正天主教的事你也不懂。」「我跟你學拉丁文，先教我簡單的。」

我的學習能力遠遠及不上毛小鬼，跟著他一遍遍的說了幾次，被他一再糾正。最後只學會了「阿們」、「沒阿哭路霸」，還有一句是：「雞揑我爹」，這句很重要，是什麼意思？毛提摩太嫌我囉嗦，不再解釋，或許他只會說說，意思也搞不懂。我被雞啄過，是個最怕雞的小孩，這「雞揑我爹」，是雞還要跟我爹過不去？聽起來相當可怕。

第二個學期毛提摩太不來上學了，母親說他爹認為念書沒用，要他下田幫忙種地。

後記

多年後在台灣，我常去台北市同安街天主教南堂，受神父提拔學輔祭，讀了點拉丁文；毛提摩太留下來的不解之謎，才得以逐一明瞭。「阿們」不用解釋；「沒阿哭路霸」是 Mea culpa，我有罪，在彌撒過程中，神父領信眾懺悔自己的罪，念：Mea culpa, mea culpa, mea maxima culpa；我罪、我罪、告我大罪！輔祭與望彌撒的信眾跟著大聲念，懺悔。

那個「雞揑我爹」又是啥呢？仍然不得其解。直到有一次我翻閱中文彌撒書，某處寫著：教眾望彌撒時，隨神父以拉丁語念 Miserere nobis，如有困難，可以用中文回答：「矜憐我等。」真相大白；毛提摩太當年用江西土話說「矜憐我等」，我聽成了「雞揑我爹」，還以為他在說拉丁文。

憶起幼年玩伴毛提摩太，他的名字源自《聖經・提摩太書》，此人絕非等閒之輩。

8 孫學長、家隆哥、我們到南城去

孫學長比我大七歲，是我們學校裡塊頭最大的男同學。我記得他頭一天來學校的那一幕：一個大男孩，臉孔近乎四方型，濃眉大鼻子，站在那裡滿不在乎的東張西望，一臉的不遜。他母親講一口山東話，一五一十的告訴曹老師：「這個孩子實在太頑皮，俺管不住他，他爹不在了。孩子他爹是位陸軍營長，台兒莊戰役的時候，率領敢死隊攻占一座日軍堡壘，拿下堡壘，營長中彈犧牲。早就聽說曹老師最會管學生，俺就把他交給老師了，要打要罵都可以。」然後就指著她兒子說：「你要是不聽曹老師的話，被學校開除，那就不用回家，俺也不要你了。」她兒子滿不在乎的樣子，眨了眨眼，沒說話。

曹老師對學生嚴格但是公平，立下的規矩必須遵守，賞罰嚴明，住校學生更必須遵守校規。開始的時候孫學長沒鬧事，學業成績也過得去。孫的個子雖然在男同學裡面最高，可是學校裡還有一個女同學，身材發育得很成熟，比孫學長就高那麼一點點。同學們說，他恐怕打不過那個大女生，孫學長當然不服氣，伸出胳臂來顯肌肉，說他打架當然是全校最厲害的，又瞪起眼睛張開嘴巴，樣子挺嚇人。

某次在課間休息的時候，同學們起鬨，要兩個最大個兒的男生和女生摔角，他們就抱在一起摔起來了。真的是勢均力敵，誰也摔不倒誰，圍觀者看得十分興奮，在一旁大聲叫喊加油。最後孫學長使了個絆子，大女生失去平衡，兩人轟然倒下，在地上翻滾，揚起來一大片塵土。塵土慢慢落下，我們看見母親站在對面，她的面色嚴肅。

學生在課間打架是件大事。那天我們正在吃晚飯，孫學長敲門進來，兩手下垂，低著頭站在飯桌旁，母親問他知不知道今天做了什麼錯事？孫學長點了點頭。母親繼續說：「依照學校的規定，在校內不守規矩打架的學生，一律開除，明天學校就會通知你母親來學校接你回去，現在你可以回宿舍了。」孫學長不說話，也不肯離去。

過了一陣子，他低聲說了句什麼，誰也聽不清楚。母親要他大聲說話，他又說了一次，還是模模糊糊的，重複了三遍，才聽清楚他在說：「曹老師對不起，我知道錯了。」曹老師沒有改變主意的意思，堅持要他退學。

孫學長繼續央求著，母親不為所動。然後他開始啜泣起來，一面哭一面懇求著；不能退學，因為媽媽說過，曹老師要是不要他，媽也不要他了！啜泣的聲音愈來愈大，後來變成嚎啕大哭：「曹老師對不起，我再也不打架了，再也不打架了！」

我可是從來沒見過，這麼大個子的男生能哭成這個樣子！孫學長真的被嚇到了。最後母親對他說，如果你是真心的改過，就答應他暫時留在學校，但是不能犯任何錯誤，否則立即退學。孫學長繼續在學校念書，對曹老師口服心服，不再出事了。但是他還是經常同我們

1958年抗戰四幼童在台北合影：哥哥（前左一）、家隆哥（前右一）、孫學長（後左一）、我。

說：「其實我打架還是最行的。」

爸爸興致高的時候最喜歡找來三朋四友，在家中飲酒暢談，針砭時政，激昂慷慨，聲音愈來愈大。閒來無事便哼起梆子腔、京韻大鼓，當然他最引以為傲的是唱京戲的老生唱段；《空城計》、《臥龍吊孝》……，右手夾著根香菸，上下搖動，眼睛半睜，最特異的是他的雙耳上端能夠隨著音調高低，一鬆一緊的前後夾動，韻味十足的哼起言菊朋迴腸百轉的調子：「曹孟德，領人馬，八十三萬……」這一句就能唱上五分鐘。

父親嫉惡如仇，發起火來有如沖天炮，吼聲驚人：「他再這樣欺負人我就殺了他！」急急風的脾氣來去的快，通常是一個小時之後，碰上件好玩的事，他那兒又談笑風生起來了。父親說：「北方人都是這份兒德行，快人快語的不會拐彎抹角。這叫：小胡同趕豬，直進直出。」

母親是傳統大家族的長女，在一個重禮儀規矩繁多的環境中成長，行事嚴謹紀律性強，一切按步驟來。她對小孩的態度嚴肅，說話算數，言出必行。她說：「答應過小孩的話一定要辦到，否則下回他就不相信你了。」她也用同樣的誠信條件要求孩子和學生，小朋友想在她面前耍花樣可不容易。

雙親的性格幾乎相反，他們生活在一起發生過許多磨合困難的場景。老爸急起來口無遮攔，講些發洩情緒有失分寸的話，事後卻要付出甚為沉重的代價。母親最有效對策是：「徐庶進曹營，一言不發。」冷戰進入第二天，爸爸是那麼的愛講話，怎麼受得了？他道歉賠不是、說好說歹，對方就是不回應。然後爸爸就命令我們兩個：「過去，向母親說對不起，不應該惹媽媽生氣。」其實完全不干我們的事，正要抗議，老爺子說：「我記得你上個禮拜脫毛衣的時候，媽媽脫得慢了點兒，你就在那兒哭呀喊的。」我說：「是毛衣蒙住我的頭透不過氣來嘛！」只有聽老爸的吩咐，過去心不在焉的向媽媽道歉，一切都無效。

記得爸爸某次被冷戰磨到快瘋掉，點起一支菸來唱《空城計》；司馬懿退兵後孔明在城樓上唱的那句：「我面前缺少個，知——心的人哪！」重複了十數遍之後，母親說：「缺少個知心的人，你就去外面找知心的人好了！」「妳看，我是在唱戲嘛！」至少她開口講話了。

生悶氣的時候，每個人的臉部表情都不會太好看。父親的名語錄之一：「那臉就像給屁薰了三天似的！」相由心生，一點都不假。通常爸爸說這句話都是指別人，但是有一回雙親大人不知道為什麼事，吵得十分激烈，冷戰了一個禮拜不見和緩。我聽見父親在屋子外面獨自小聲咕噥：「她那臉就跟讓屁薰了三天似的！」這回的問題非常嚴重。

爸爸出差不在家，清晨媽媽把我們叫醒，快速的穿衣服出門，同行的還有楊阿姨和她的兒子家隆哥，再加上一名阿姨家身強體壯的勤務兵。「我們去哪裡呀？」大人不搭理。楊阿姨的先生是父親的同事某將軍，兩家人很熟，家隆哥和哥哥差不多大，也在我們子弟小學讀書。

旅程很遠，我們問了幾次：「爸爸呢？」母親沒好氣的說：「不要再問了，我們去南城看你舅舅。」有機會三個小孩一道旅行，覺得挺好玩的，管它去哪裡呢？

如此遙遠的長途旅行，應該是走了許多天才平安到達。記得我們在南城的一座天主堂附近住了下來，大概是一個天主堂的招待所。母親天天帶我們去天主堂望彌撒，洋神父在祭台上念經、跪拜、用江西國語講道，外國修女領著唱經班，隨著風琴唱起來。母親很厲害，她能夠用英語和神父修女交談，神職人員也都能說點國語。我們兄弟二人望了一陣子彌撒後，便不由分說的受洗成為天主教徒了，神父給我們各自取了一個聖徒的名字；老大叫保羅，小的叫彼得。

媽媽告訴我們：結婚之前，她在山東青島一間天主教女子學校當了七年教務主任。我們看過很多次那時候的老照片：學生們穿漂亮的黑白制服、有許多笑瞇瞇的外國修女、教會學校設備好、活動多、青島神父有照相匣子，一有機會就拍照。相較之下，江西的子弟小學真的好土喲！

母親有一本老照相簿子，她在青島的時候又年輕又漂亮，頭髮燙起大波浪，戴一副墨鏡，穿寬大的外國洋裝，每張團體照裡都有她；淺淺的笑容，透著自信，姿態優雅，她那時的一身打扮真的太好看了。現在她穿沒有腰身的粗布陰丹士林旗袍，我問：「從前的那些漂亮衣服呢？」「哎呀！都抗戰了，穿漂亮服多不合適呀！」

「我以前是虔誠的天主教徒，又在那個教會學校工作了很久，」媽媽說：「受到所有神父和修女的器重，我認真考慮過要進修道院。」「去修道院，那是做什麼的？」「修道院出

父母親1935年的結婚照。

來當修女傳教呀！」「喔，就像白姆姆每天穿黑白袍子，臉和頭都包起來那樣，夏天會很熱嘛！」「唉！後來遇見你爸爸——」

家隆哥的個子不高，但是他跑得最快，爬樹更是利害，兩三下就上去了，然後站在很高的樹枝上跳下來。早上望彌撒之後通常就沒事了，我隨著家隆哥在天主堂附近的草叢中亂跑，他認得出許多不同的花草，個個都叫得出名字來，教過我怎麼去辨認，然而我在這方面的悟性不高，屢次被他罵好笨。楊阿姨經常叫家隆哥去野地裡採枸杞頭回來炒蛋，我拿著隻籃子跟在他後面，沒多久就採回來一籃子的枸杞頭，吃飯時多了一道新鮮菜，很有成就感。後來我也學會了認枸杞頭，幫著他找，但是他嫌我找來的枸杞頭都太老，老枸杞頭炒出來會很苦，不能吃。

枸杞頭是什麼玩意？枸杞乃野生草本植物，長出來的枸杞子是中醫的一味藥。江西人稱枸杞葉子做枸杞頭，拿它來炒蛋的味道獨特，微苦。

然後我們輪流得痢疾，病勢十分嚴重，苦不堪言。三個小孩先病倒，發燒瀉肚的折騰不休，我和家隆哥病癒得最快，哥哥也逐漸康復。跟著是大人一一不支，病況很嚇人，時常昏倒在地屎尿不禁的。那時是抗戰中期，南城地處東南，是個落後地區，不具備任何醫藥條件，或許天主堂曾提供過些基本的西藥。我們是怎麼相互扶持熬過來的，已不記得箇中過程，生死由天各憑福報了。

終於聯絡上舅舅了，我們一夥人搬到他那裡去住。舅舅是南城陶陶招待所所長，在當地是位有地位的人。陶陶招待所可比天主教堂旁邊的地方好得太多，房間寬敞舒適，有花園池塘，池塘裡彩色鯉魚游來游去，那裡的飯菜太好吃了。母親排行大姊，舅舅是四弟，大家庭的規矩，弟弟侍奉長姊自然要盡心盡力，我們在那兒好開心。

舅舅身材高，面頰消瘦，穿一身筆挺的中山裝，很帥氣。根據媽媽的說法，曹家的男人多半都是這個長相的，高大英俊儒雅。我們的爸爸有個不算小的肚子，個頭偏矮，頭髮稀疏。看到幾幅王家的老照片，爸爸家的親戚多數也是矮胖或矮壯型，十足北方莊稼人的樣子，就被曹氏宗親比下去了。

舅舅只有一個女兒，比我們大很多，住在南昌老家，母親說我們得叫她大表姊。舅舅最大的煩惱和遺憾是到現在還未曾得子，初次見到我們哥兒倆，媽媽說舅舅就露出了一臉饞相，恨不得把我們都收做他的兒子才好。我小時候甚為調皮好動，最能討到大人的喜歡。到了陶陶招待所的第二個晚上，舅舅就要求我每晚陪他睡，母親沒意見。可是過了幾夜之後，舅舅又把我送回來了，他說：「小方很好玩，可是他每天晚上尿床，這個——我真受不了！」

沒有多久爸爸就出現在陶陶招待所了，他帶來水果、糕餅，一時嘻嘻哈哈的很熱鬧。爸爸和四舅舅最聊得來，兩個人每天抽菸喝酒的說個沒完，分析局勢、批判當局的腐敗、痛恨日本軍的殘暴。我還清楚的記得他們曾討論過如何才能治好小方尿床的毛病，偏方太多了：綁個玻璃瓶在那根小雞雞上，就不會尿濕了被褥、乾脆綁上支喇叭，一撒尿號角便響起、喝癩蝦蟆的尿——然後兩個大男人就呵呵的笑個不停。

收拾行李要離開南城了，我們真的好捨不得。捨不得那座天主堂，望彌撒時洋神父厚重聲音唱經念經，修女的尖嗓子領頭唱起來、漂亮的陶陶招待所……，還有；家隆哥他們不同我們回鉛山，因為家隆的爸爸沒來接他們，以後我再也不曾到野地裡揀枸杞頭了。

後來我問起去南城的事，母親說：「你爸爸一直在騙我，楊阿姨的先生也做了很壞的事，以後不許再問了。」南城在鵝湖的西南方，粗略估計距離至少有一百五十多公里吧！抗戰期間沒有交通工具，又逢上戰亂，路上治安不好，母親和楊阿姨突然決定冒險作長途跋涉，必然有她們重大的理由。

多年後與老哥談起幼年遠赴南城的往事，憑著集體記憶互補長短；媽媽和楊阿姨一定都遇到婚姻上的困難，帶著眾小孩不辭而別，看來是個倉促的決定，所以到了南城一時找不到四舅，暫時在天主教招待所裡安身。爸爸出差回家，見不到一家大小，當時的戰區後方，通訊、交通異常落後，那份焦慮也可想而知。他憑著合理的推測，我們應該是去南城來找舅舅的吧！老爸在兩個月後出現在南城，化解了爭端，我們回到鉛山。他們之間究竟發生了什麼嚴重的問題？媽媽多次說她被騙，爸爸是怎麼騙她的？這個答案直到抗戰勝利之後，方才真相大白。

後記一

多年後我們在台灣又與楊阿姨、家隆哥相逢。阿姨告訴我們：南城分手後在陶陶招待所又住了一段時期，朋友介紹贛南專區，新來的專區主任委員蔣經國很有幹勁，許多人慕蔣專員的名去了贛州，楊阿姨帶著家隆哥在贛州工作，一直到抗戰勝利。

家隆哥改名志立；後來他考入空軍官校，成為優秀的戰鬥機飛行員，編入雷虎小組第二隊。志立哥是我最知心的好朋友，我們一起在台灣度過慘綠的青少年。（參閱附錄三）

後記二

高中一年級的暑假即將結束，某日我在家中窮極無聊的混著，有人敲門，門啟處有一個濃眉方面的大塊頭站在那裡，不用他自我介紹，我已認出來是多年不見的孫學長。他的來訪不是意外，因為孫學長兩個星期前就寫來一封信，母親接到信之後好開心，四處拿信給人看，說：「這是我抗戰時候教的學生，他憑著同等學歷就考上台灣師範大學了。」

孫學長講起自江西別後的經歷來：他去了南京，在遺族學校讀書。每個同學都是抗日戰爭的烈士遺族，我們身分證上的父母欄上寫著：父，蔣中正；母，蔣宋美齡，真叫神氣嘍！

好好念書了嗎？才沒有，那裡的老師都不像曹老師，好混得很。在南京有吃有住還有零錢花，每天和同學們四處逛。戰事吃緊，跟著部隊望南走，一路上可叫辛苦呢！有一頓沒一頓的，有時一天只發給一根玉米，我用鉛筆畫出三份來，當成早中晚三餐。為什麼？你要是一下子把一根玉米都吃掉，晚上餓起來可就受不了啦！

遺族學校先撤到廣州，再搭船來台灣。上面下命令，解散遺族學校，身體強壯、個子大的同學都要去當兵。我們不幹，集體抗議。後來「國母」來學校演講。誰是國母呀？就是在我們身分證上列為母親的那位嘛！她說：你們應當繼承父親的遺志，都去給我從軍報國。我們去了鳳山，成為國軍「新軍搖籃」裡的新兵。因為我塊頭大，連長派我當機關槍手，別人出操扛步槍，我要扛一挺輕機關槍，重得多了。

一年多後，覺得這樣子下去就當個大頭兵一輩子，不是一回事，必須要回去讀書。上面規定，如果考上大學，就准你退伍入學。遺族學校是個中學，我沒畢業，更沒有用心讀書，憑那時的破程度，哪裡考得上？攢錢買了好幾本考大學指南，抽空死K。教官最不喜歡當兵的看書，怎麼，你比我有學問哪？見到有人在一邊低頭用功，就找出件閒事來操你。站崗的時候最好讀書，大家都入睡了，沒人來煩你。就著路燈翻書猛看，吸收得才叫快呢！

這樣子K書實在很累，多次都灰心了，幾乎不能繼續。就想起曹老師的話來：「持之以恆，每天一點點的作下去，堅守紀律，多少都會有些成就的。」一頭一次參加大專聯考，成績不好，第二年再考一次，才考上師範大學數學系。我早從報上知道你們在台北，不敢寫信聯繫。為什麼？總覺得自己要有點小成就了以後，才有臉來見曹老師呀！

曹老師是他的恩師，小時候從她那兒學到了許多：怎麼讀書、如何預備考試、生活規律化、答應別人的事，一定要做到等等。孫學長告訴我：將來要是有了孩子，他要完全用曹老師的那一套來教育他們。畢業後他赴美國深造，取得學位便在加拿大某大學教數學。

又過了幾十年，母親遠赴美國分別與我們兄弟住了一段時間。孫學長專程從加拿大開車過來拜望恩師，近況如何？他的兩個兒子都上大學了，一個學醫，一個學電機，從小就受到「曹氏教學法」的嚴格管教：早睡早起、注重衛生、今日功課今日畢、犯規的要受嚴重處罰……。老母聽到這個簡報自然喜不自勝，當著老少三代說：「這輩子唯一的成就是教了幾個好學生，我的好學生比兒子可強太多了！」

孫學長聽了之後笑呵呵的合不攏嘴來，用著惡作劇的眼神瞧著我們兄弟二人。不孝子如我等，當場為之披靡。

9 鬼子兵打過來了

從南城回到鉛山不久，鬼子兵打過來了。抗戰第三戰區司令部緊急通知遣散。全家匆忙上路，往西南山區逃難，翻過武夷山，最後到了福建廝沙。這一趟旅程我頗記得。

一起逃難的還有幾位小學老師。大家徒步走山路，僱了幾名挑夫用扁擔挑著行李在前面帶路，主要的交通工具是「雞公車」。雞公車以一隻堅固的木製車輪為主，車輪直徑比一個小孩還高，軸心從兩端伸出來，看起來很結實。在獨輪兩側裝上架子，架子上釘兩塊平板，可以載貨或坐人。兩片平板底下結實的釘上兩隻把手，把手往後伸出來，供車夫抓住把手往前推著車子走。兩把手的末端，以一條粗厚的帆布寬帶子連起來，車夫將帶子套在頸後，帶子從雙肩垂下，這樣推著車行走，可以靠肩膀扛起車子的部分重量來，他的雙手要維持車子的平衡，掌握方向。雞公車是獨輪車，能走很窄的路，翻山越嶺非它不可。雞公車車夫身體要壯，全仗他的超強體力推車上山下山。中國古典文學作品中，常見到「老漢推車」的句子，推的車子大概就是雞公車。

我和哥哥這兩個小蘿蔔頭子開始很興奮，以為是去郊遊遠足。走了半個鐘頭的山路便叫苦連天起來，哭鬧撒賴的要大人抱。山路崎嶇，普通人走上去都要氣喘吁吁的，誰能抱個孩子爬山呢？趕路逃鬼子兵不能耽擱時間，於是就把我們兄弟二人放在雞公車的行李堆上，一邊一個。雞公車走不快，坐在上面觀看風景，聽車夫哼唱山歌，學著講他的方言，也挺有趣。

雞公車上陡坡很困難，需要綁上一條粗繩子，幾個人在前面拖車，這樣子前後用力，雞公車方才能勉強上了山坡。爸爸那時候正在壯年，雖然體型肥胖，但精力旺盛，有好幾次他也加入拖雞公車上坡的行列，渾身溼透滿頭大汗，一面還唱起河北梆子腔來：「劉玄德在白帝城，自思自嘆……。」他說幹活兒的時候就得唱，那樣才不會累。為什麼不唱京戲呢？梆子腔來自鄉下，用它來搭配拉車正合適。

逃難隊伍被前面山坡上數不清的山羊群擋住路，牠們若無其事的在山上吃草，牧羊人不知道去了哪裡。山羊最固執，只服從牧羊人的指揮，幾頭老公羊凶得很，惹急了就低下頭來用大犄角頂你。都是不會趕羊的人，趕走了這一群，又過來另外一群羊擋住去路。來來回回的折騰了很久，天色慢慢暗下了，挑夫頭子說，如果天黑了還走不到下個村子，晚上走山路實在太凶險。

爸爸皺著眉頭不說話，然後揮起手中的那根竹杖試圖趕羊，無效。他突然從行李包取出一把盒子砲（老式連發手槍）來，朝著天空連放了幾槍，山羊群被嚇到，漫山遍野的跑，逃難隊伍快速循山路過去。牧羊人出現了，揮著趕羊的鞭子，用方言大聲罵髒話。

爸爸還會放槍！不希奇，他那時官拜中校，雖然是文職也受過基本軍事訓練。逃難當然要帶著槍，誰知道會遇到什麼事呢？後來爸爸告訴我們；其實最擔心是臨時僱來的挑夫，有人說他們平時當挑夫，遇到好機會就變成土匪。戰火紛亂，誰管得了誰呀！

有時候我們哥兒倆一人坐在一邊的籮筐裡，挑夫挑著兩個小孩趕路太輕鬆了。他的腳程快，通常我們都走在前面，找到一棵大樹下休息，等候雞公車和大隊人馬慢慢到來。挑夫走在稻田埂上，兩隻籮筐就在水田上面迎風而過，在籮筐裡有飄然坐船的感覺。有次挑夫沒走穩當，一腳踏空，我的籮筐就浸入稻田的水中，沒覺得有什麼了不起。後來母親發覺我的衣服濕了，而且一身的臭。那還用說，早年中國南方的稻田裡，都灌了大量的水肥。她不准我們再坐籮筐。籮筐坐久了，兩條腿麻到失去知覺，休息很久才能走路。

翻過武夷山頭，就進入福建省了。分水關是山路的最高點，走在上面可以看到很遠的風景。你看得到人家，人家也能看得見你。就在分水關的山頂，遠處響起了隆隆的飛機引擎聲，有經驗的挑夫立即往路邊的樹蔭下、草叢間、山溝裡、石頭後面找到掩護地，其他人也跟著趴在路旁的隱蔽處。日本戰鬥機俯衝下來，聲音響得嚇人，機關槍掃射了一輪，又升高飛了上去，沒有人受傷。母親俯身遮住我，眼鏡和臉上都是灰塵，嘴唇微微顫抖。日本戰鬥機沒有再回來，我們跑著往山下去。

進入福建北部，記得還坐了一陣子船，沿著條河慢慢的順流而下，麻沙是一個靠河邊的小鎮。船抵達目的地，人和行李都下來了，見不到有人來接我們。岸邊沒什麼樹，八、九個人靠在一堆行李邊苦等，大太陽快把人的油給曬出來。北方人天生怕熱，父親耐不住就脫了衣服鞋襪，躍入河中涼快去了。游的是狗爬式，雙足打起很高的水花來，在水中還高興的呼叫：「你們看哪，我會扎猛子！」然後把頭沉進水裡去，好久也不出來，我們看得著急，大聲的喊：「爸爸快出來！」過了好一會兒，他才從河的另外一處冒頭出來，揮著手臂得意非凡。兄弟二人當然也很想到水裡去玩，卻被母親喝止：「不准跟著你爸爸胡搞！」

山區的氣候變化快，頃刻間天上就起了大片烏雲。母親大聲叫爸爸別玩水了，快找個地方避雨，搬行李。但是老爸玩得太開心，過了好久才不情不願的上岸來，雨已經下得很急。母親坐在岸邊，撐起一把油傘來，遮住母子三人，繃著臉，氣得撅起嘴巴，不發一語。

這一幕「麻沙河邊淋雨記」，母親沒讓我們忘記，以後的數十年間，她屢屢提起它來，作為管訓下一代的重要教材：遇事不可衝動，要掌握分寸適可而止，像你爸爸那樣亂來，大家就跟著受罪。

在麻沙我們住在一座三面臨空，離地好幾尺的舞台上，它是當地的中山堂，面對著一片土操場，操場的盡頭有一支旗杆。與我們一起逃難的還有郭老師和她妹妹，郭老師是學校裡最受歡迎的教員，她妹妹年紀輕，都叫她小郭老師，她大概還不是位老師，在學校管點其他的事，郭老師姊妹對小朋友都特別親切。在舞台上吊起被單來分隔空間，各據一方的住下來。

麻沙河距離我們不遠，去河中打水不太費事，撿來的樹枝可以生火做飯，平時我就在附近的樹林裡拉野屎。不用上學，每天四周亂跑，挺開心的。

來了個東源哥。他是附近一個村子裡的青年，路過操場看到這裡有人住，就過來打招呼。東源哥有十幾歲了，瘦瘦高高長得挺好的，講話聲音很低，國語說得還算標準，他在縣城念到中學三年級，最近這一帶有鼠疫蔓延，學校都停課了。母親對他的印象不錯，問了很多：家裡做什麼的？喜歡讀書嗎？以後想做什麼？他最喜歡讀書了，希望將來去城裡的銀行做事。這次的鼠疫來得好厲害，村子裡死了好多人，東源哥的全家五口，就在這一個月裡前後都病死了，只剩下他一個人。怎麼一回事，沒去找醫生看病？東源哥在那兒發呆說不出話來，過了好一會兒，他說：「在我們家附近發現一隻好大的死老鼠，全家人輪流拎著玩，又拿秤來量這隻死老鼠有多重，然後每個人都得了同樣的病，沒有找大夫，因為全村得這個鼠疫病的人太多了，大夫忙不過來也治不好，死了好多人，只有我扛了過來。」「喔！以後你怎麼辦呢？」「不知道。」

怪不得我們住在這個舞台上好幾天，附近沒見到什麼人。鼠疫是什麼，怎麼那麼厲害？母親說是老鼠身上帶的病菌，傳染到人身上就治不好的，你們見到老鼠一定要躲開，要好小心。東西用完了洗乾淨，以後吃剩的飯菜都要裝好，餿掉的放到樹林裡面埋起來。小孩子睡覺前用心刷牙漱口洗臉，嘴巴裡不要留食物，不然的話讓老鼠聞到味道，牠會爬過來偷吃，病菌一下子就傳染上了，那還得了？

刷牙漱口的話是衝著我哥說的；他從小就喜歡吃肉，抗戰時期生活困難，有肉的菜餚十分罕見。有一次上來了一道紅燒肉，切的肉塊有瘦有肥還帶著肉皮，他愛死了，猛吃一頓之後還留了一塊肉在嘴哩，捨不得嚼了嚥下去，第二天早晨那塊肉還在嘴裡，已經開始發臭。

東源哥每天都過來，他很會做事，幫忙搬運、挑水、燒火煮飯、去附近小鎮買點東西。母親找了幾本書給他看，他看書很快，看完就送回來再換一本。有時候也同我們玩遊戲，最會抽陀螺；用一根細繩子繞著綁緊一頭尖一頭圓的木頭陀螺，然後猛的往地上甩下去，繩子鬆開，陀螺就地快速的旋轉起來，又要看準了它，拿那根細繩子抽陀螺，陀螺就能在地上轉很久很久。後來我練抽陀螺也練得挺不錯的了。

東源哥喜歡找機會和小郭老師講話，兩個人講起話來會好久，我早看出來他們是在要好了，可是沒跟任何人說起。那天我去樹林子裡大便，正蹲在草叢裡使勁，聽見腳步聲，東源哥和小郭老師慢慢走過來，一邊走一邊低聲講話，還唧唧嘎嘎的笑。很怕他們走過來看見我光屁股蹲著的模樣，那太難看了呀！我就憋足勁用力唱《捉放曹》的頭一句：「八月十五呃，月光明哪！」他們繞到樹林的另外一頭去。奇怪，天都快黑了，還往森林裡去幹什麼？

有個啞巴老在附近走來走去，穿得很破舊，背著一隻大麻布口袋，頭髮一根根的蓬起來，還黏成一塊一塊的，大概很久沒洗過頭，不會講話，伊伊啊啊的老在比手勢。東源哥完全懂得他的手勢，說這啞巴最會抓蛇。啞巴想知道我們這裡有沒有蛇出來過，中山堂後面的樹林裡蛇最多了，抓一隻蛇他只收一點錢。蛇是怎麼抓的呀？啞巴從麻布袋裡拿出一條蛇來，活生生的就在他身上爬。我們這裡還沒有見到蛇，只有老鼠，啞巴聽見老鼠，臉上就很恐慌；告訴他發現有蛇的話一定會找你來抓。啞巴靠抓蛇過活，蛇皮蛇膽賣給中藥鋪。他不怕蛇咬嗎？不會的，啞巴的抓蛇師傅很有名，他師傅走了後，啞巴就是這一帶的捕蛇王。

以後母親嚴厲禁止我們去後面樹林裡拉野屎。

在麻沙的中山堂住了有兩個多月，有一天爸爸從鎮上回來說：「鬼子兵退了，我們馬上回鉛山去！」又要回去上學？我真的有點捨不得這個地方呢！東源哥幫著我們清掃整理、打包、扛行李上船，他說你們這麼快就走了呀！就站在岸上扭過頭去偷偷擦眼淚。媽媽和老爸商量了一下子，她說：「東源哪，反正你也沒學校上，家人又都不在了，要不要跟我們去江西鉛山？」東源在岸邊高興得蹦起來好高，什麼也沒帶就跳上船來。

10 浙贛戰役考

長大了讀抗日戰爭史。浙贛戰役：一九四二年，美國出動轟炸機空襲日本東京等地。這是日本對中國開戰以來，他們的本土首次遭到轟炸。美軍轟炸機在執行任務後，都在浙江衢州、麗水等機場降落。日本軍本部決定發動攻擊，摧毀衢州、麗水等機場。

五月份日軍出動四個半師團的兵力，企圖打通浙贛鐵路線。國軍逐次撤退，避免與日軍決戰。日軍攻陷衢州、金華、蘭溪、壽昌；又從南昌渡過撫河，揮軍東南。六月，日軍攻克玉山、廣豐、上饒、貴溪等地。浙江江西兩省的機場、鐵路被徹底破壞，日軍在占領地燒殺擄掠，掠奪大批戰略物資。日軍的戰線拉長，兵力分散，國軍開始在各地反擊，戰鬥激烈。日第十三軍第十五師團指揮官酒井直次中將，素有侵華「急先鋒」、「虎將」之稱，中地雷身亡，是日本侵華陣亡的第一名師團長。八月底日軍全部撤回原防，戰役結束。

日軍在浙贛戰役傷亡近三萬人，國軍傷亡七萬，二十五萬民眾被日軍直接或間接凌辱殺害。酒井直次中將被炸死的消息，一直被日軍高度保密，怕日軍的常勝形象受損。直到一九八四年，日本防衛廳防衛研究所戰史室編寫的《中國派遣軍》中記載：「酒井直次師團長的戰馬誤踏地雷。酒井中將從馬上跌下來，左腿受傷，送到後方等待轉送醫院，不久酒井直次不治。現任師團長陣亡，是日本陸軍創建以來的首次。」

中國軍民在浙贛戰役中損傷慘重，但並沒有一味挨打。戰役中日本指揮官酒井中將戰死，卻要等到四十二年之後才揭發真相。子孫後代對中日戰爭的興趣缺缺，歷史永遠是一道難以解開的謎，或僅供政客隨意捏造，以達到他們的短期政治目的？

仔細觀看地圖，福建麻沙在鉛山之南約一百公里的地方，去麻沙要翻越海拔兩千多公尺的黃崗山，山路狹窄。估計若日軍走上這條路，雙方一對一的在林間小道做匹夫之勇的搏鬥，「狹路相逢勇者勝」，優勢裝備討不到便宜去，所以算定鬼子兵不會進軍閩北。當年的疏散計畫，經過了慎密的考量。

鉛山就在上饒與貴溪之間，當時完全被鬼子兵占領。若不及時撤往福建北方，誰也不會有好下場。我忘不了一張照片：一名日軍用步槍上的刺刀插入中國小孩的肚子，高高舉起，臉上帶著勝利者的微笑。征服者的暴虐，令人毛骨悚然。哥哥和我幸好沒有成為日本兵刺刀下的兩坨肉。

讀到另一則報導：日軍在戰役中散播了霍亂、傷寒、鼠疫、痢疾病原體，這是滿洲國日軍七三一部隊研發細菌彈所做的「臨床試驗」。東源哥全家、整個一村子人、麻沙一帶閩北山區的千萬居民，都受到鼠疫或其他疾病的感染，瘟疫傳布快，偏僻山地完全沒有醫療設備，因細菌彈傳播疾病而死亡的人數到底有多少，至今沒有確切的統計數字。浙贛戰役有二十五萬傷亡民眾，應該不都是直接遭受砲火的結果。

日軍不投擲細菌彈在主要戰場及戰線上，避免他們自己受感染；各式細菌彈集中投在戰場外的閩北山區等地。他們熟讀善用《孫子兵法》，遵行「不戰而屈人之兵」的信條，不費一兵一卒便置大批中國人於死地！

東源哥仗著年輕抵抗力強，病了一陣子硬扛了過來。我們很幸運，住在麻沙一個空曠操場的舞台上，沒有染上瘟疫，又健健康康的回到江西鉛山縣。

11 一拐一拐的領著學生跑步

父親調職到《前線日報》工作，不久我們舉家搬到贛東首府上饒市。上饒專區主任委員易伯伯，不讓母親閒下來，請她做上饒中正小學教務主任，校長是專區主委的夫人，易伯母的校長只掛個名，偶爾抽空來學校看看，母親又是校內校外大小事務一把抓。我們兄弟在中正小學入學就讀。

上饒是個都市，和我們從前居住的農村環境大不相同。這裡的辦公室有幾盞電燈，射出來的光好強。哥哥說，不要直接去看那個電燈泡，看久了它就像太陽一樣會照瞎你的眼睛。鄉下點桐油燈，一根軟軟的燈芯泡在一小碟桐油裡面，發出來的光只有那麼一點點，多放幾根燈芯它就亮很多，但是那樣子燒油燒得太快。母親禁止我們晚上在桐油燈旁邊看書，說那樣子眼睛會看壞掉，而且桐油燈點得太久，每個人的鼻孔裡面會被薰黑。操場邊上有一座水龍頭，一打開它，水就嘩嘩的流出來。學校還有一台收音機，可以聽廣播節目。有時候聽見爸爸在廣播，念他在《前線日報》寫的文章。

我們住的教職員宿舍，地方比從前寬暢講究多了，窗戶上糊了紙窗簾。我有自己的一張小床，靠床邊的那面牆上有很多裂縫，我對每條裂縫都很熟悉。為什麼？抗戰時期瘧疾病極為普遍，醫藥缺乏，病發了就躺在床上忽冷忽熱的，過一陣子就自己好了；俗稱「打擺子」。

我經常打擺子，一旦病了，母親勒令我躺上兩三天，猛喝水，床邊放一隻尿罐，小便就尿在床邊的罐子裡。發燒的時候昏昏睡去，噩夢不止。作過一個重複多次的夢：母親帶著我們兄弟在操場升旗台附近散步，台子的另一頭轉出來京戲裝扮寬袍大袖的曹孟德，一張慘白的臉，撩起鬍子來大喊：「來者通名！」我們不知所措，母親緊抓住我們的手，還好每次在此時夢就醒了。

醒的時候呆呆的望著那面牆，看久了牆上的那許多裂縫，就慢慢的變成複雜的地圖，兩軍交兵、峻嶺河川；又化作山水風景、各式各樣的人頭、動物、武器；也常見幾隻小壁虎，黏在牆上一樣動也不動，追吃蟲子的時候爬得飛快，怎麼就是不會掉下來？四周靜悄悄。

生病時，白天睡得太多，夜裡睡不著，就經常聽見隔牆兩位女老師在講話，她們很要好，同睡在一張大床上。有時候她們大聲吵架：「我對你不夠好嗎？」「你一直同那個女人又說又笑的是什麼意思？」「我現在不想談這些。」還不時聽見隔壁傳出來尖叫的聲音。我問媽媽，她們為什麼那麼喜歡吵架？媽媽說因為她們要好。喔！要好就會天天吵架嗎？小孩子不懂就不要再問了！父親呵呵大笑著說：「等你長大一點再告訴你。」

我的級任老師是身材胖胖的朱老師，她的那套陰丹士林旗袍太小，處處被擠得鼓鼓脹脹

上饒中正小學（母親的題字）母親與朱老師（右）。

的。朱老師總帶著一臉笑容，她認為我是個好學生，因為我在課堂上用心聽講，老師問問題我第一個舉手搶著答，而且回答的多數正確。譬如：山東省地圖像什麼？一隻坐著休息的駱駝、江蘇省是一名橫握寶劍的武士、陝西省像伸出一隻手臂的古裝美女在跳舞……，江西省呢？梳著個巴巴頭老太太的側臉，上饒就在老太太後腦的那坨圓頭髮髻子中間。算術更沒問題，九九乘法表記得爛熟、國音字母（注音符號）更是完全不在話下，發音正確。

在學校走廊上遇見朱老師，她會突然把我抱起來舉得高高的，在我臉上親一下說：「好學生！」這可是我畢生的殊榮，因為自此以後，從小學到大學畢業，無論我讀哪一間學校，都是好學校裡調皮搗蛋的壞學生，沒有老師對我有如是的肯定。有時候到朱老師的宿舍去混，她就住一間小屋子，裡面放一張床，床邊放了隻白搪瓷馬桶，一張小桌子，一把小椅子，那麼胖的身子，她怎麼坐得下那把椅子？

母親一直走路不便，因為她兩腳腳底都長了雞眼。每隔一陣子，她洗完腳就坐在小板凳上挖雞眼，挖得深了會血流不止，必須小心謹慎，那是件複雜的工程。孩子們通常咬住嘴唇緊張的在一旁觀看，見到流血了會尖叫，大驚小怪的反而造成她挖剪工作的困難，後來不准我們在旁邊看了。

她是最負責任的教務主任，每天清晨在操場上率領住校學生跑步做早操。一雙雞眼腳怎麼領頭跑步呢？她吹哨子指揮，叫學生們圍著她繞圈子或快或慢的跑，可是她小跑或快走還是挺辛苦的，就一拐一拐的每天在那兒硬撐住。

窮到不堪的第三戰區還要辦文化活動，下令所屬的各級學校都得出節目，但是不給經費。中正小學組織了一個合唱團，因為合唱團不用花錢，人到齊練練唱就行了。母親是合唱團的當然指揮，因為當年她在北京女子高等師範大學念書的時候，曾經拜名師學過小提琴，現在指揮一個小學生合唱團，自然不在話下。苦於這間小學的設備幾乎等於零，連一架風琴也沒有，練唱時起個正確的音也困難。母親從前的小提琴在逃難時丟了，幸好還留著一隻調琴弦的定音器，是什麼調子吹一下定音器就能定下來。

我們哥兒倆都太小，不能參加合唱團，他們練唱的時候就在一邊聽，每首曲子私底下都會唱了。重頭歌曲當然就是抗戰最流行的〈黃河頌〉，找來一位聲音雄厚的男老師在歌唱中間念獨白：「啊！黃河……」很久以後才知道，正式演出〈黃河頌〉時需要有一支管弦樂團來伴奏，樂器演奏與合唱配合起來，聲勢竟然是非凡的雄偉，震撼人心。抗戰時期的東南戰區小學，一切因陋就簡，到了應該管弦樂奏起的時分，母親就隨口唱出那段音樂來，並無歌詞，她按照旋律高聲的「嘟嘟嘟嘟嘟……」了一陣子，過門兒結束，大家齊聲再唱起：

風在吼　馬在嘯

黃河在咆哮　黃河在咆哮

河西山崗萬丈高　河東河北高粱熟了

萬山叢中　抗日英雄真不少

抗戰前母親在北平練習小提琴。

青紗帳裡　游擊健兒逞英豪
端起了土槍洋槍　揮動著大刀長矛
保衛家鄉　保衛黃河
保衛華北　保衛全中國！

從小時候到如今鬢髮已蒼蒼，每次聽了它，熱血便止不住的為之沸騰起來。

只有合唱團的演出，節目就嫌單調了一些。父親與好幾個著名抗戰話劇團過從密切，他出了個點子，找來話劇團的同事為我們排一齣短劇。那齣短劇名《希特勒與墨索里尼的悲哀》，這叫「活報劇」：以時事為本，編演短劇，有如一份報紙活了起來，謂之活報劇。

當時二次大戰的歐洲戰場已接近尾聲，軸心國快撐不下去了，爸爸就把歐戰的時局發展編了一段：希特勒與墨索里尼；兩個獨裁者見面訴苦。事隔久遠，那齣短劇的內容已記不完備，不外是戰事失利，二大魔頭互相感嘆吧！老爸是編劇，他的朋友當導演，選中的演員就是我們兄弟；我演希特勒，老哥是墨索里尼。

幼年記憶多以片斷的型式此起彼落而來，我們老哥倆閒來無事，互通電郵簡訊等，陳年往事就陡然如排山倒海般的前來報到。

當晚的演出是在一個空曠的露天廣場的舞台上，那時已有少數美國盟軍駐在上饒地區，他們提供發電機，將整個舞台照得比白天還亮，台下擠滿了老鄉，個個仰著頭看節目，他們喜歡每個節目，反應熱烈。母親戴著銀絲邊眼鏡，筆直的站在台上指揮〈黃河頌〉，好神氣。到了伴奏過門兒，她又是「嘟嘟嘟嘟……」的那麼唱起來，覺得有點那個，怎麼辦，我們就是沒有樂器呀！

我穿上一套黑色小西裝，上唇用墨抹了一塊方型的黑色，算是希特勒的小鬍子，哥哥戴一頂扁平怪帽子，兩人你一句我一句的說台詞，最後都跪在台上哀叫：我們要投降，末日來臨了！如今回想起來，那個場景相當幼稚可笑。短劇一下子就演完，觀眾又笑又拍手的。大概是因為他們從沒看過這玩意，兩個小鬼裝模作樣的扮成西方大魔頭，很逗人開心。

爸爸講評：「兩個人都沒忘台詞不容易，怎麼小方在台上老是瞎蹦亂跳的？也對，希特勒剩下來的日子不多了，可不就得跟猴子一樣急得抓瞎！你們要好好的練嗓子，聲音不夠響亮，後面的觀眾聽不見台詞。金少山唱草橋關，他一出來念那幾句定場詩，一個字一個字帶著股子勁，都傳到每個觀眾的耳朵裡去。」「小孩子的聲音就這麼點大，」媽媽回了他一句：「他們又不是在唱京戲。」

生平第一次穿西裝，永遠難忘，覺得自己穿西裝挺合適的。那套小西裝是戲服，演完戲之後劇團就收回去了，以後我也沒有再演過希特勒。

12 同學們，你們要給我發明個「電子彈」

城市小學的同學和鵝湖農家子弟不一樣了，很少有像毛提摩太那樣的土孩子。我班上有個女孩鄒享嬌，真叫美得沒話說；圓溜溜的眼睛，肉皮嫩嫩的，頭髮燙得有一點彎曲，講話的聲音甭提多好聽了。大家都穿土黃色的土布制服，鄒享嬌的制服料子不一樣，又特別合身，看起來好舒服。她當然跟我很好，那時候我還算是好學生嘛！但也可能因為我是教務主任的兒子。

她還有個更漂亮的姊姊，鄒享福，也在中正小學讀書，比我們高兩班。姊姊有一對細長的眼睛，笑起來變成迷人的兩道彎彎的縫，瘦瘦的臉頰，短頭髮，身材修長，可愛死了。中午她們家傭人來送飯，菜都很講究，我在一旁發饞，鄒姊姊有時就給我一口嘗嘗。她帶著我們玩各種遊戲，玩到家人來接她們了，在校門口等了許久，我們還是不肯停下來。回想起來我還是最喜歡鄒姊姊，又說不清是為什麼？

駐紮在附近的美國大兵，有時候在我們學校的操場放電影，他們用竹竿撐起來一張大白被單子當作銀幕，一群老美在白被單子前看電影，又吃又喝又叫又笑的。附近的小孩也湊在一邊看，那是我頭一次見到這麼神奇的玩意兒。放映的影片都是好萊塢的黑白電影，當然聽不懂也不知道是什麼故事。又發現如果到白被單的背面去，同樣可以很清楚的看到電影。記得那部電影是一位男子和一位美女談戀愛，兩個人老是嘴對嘴的親個好久好久，很煩人的。外國人就是這樣，跟你要好的話就使勁啃嘴巴。

有一天晚上，作了個長夢，夢見跟鄒姊姊要好起來，我們不停地嘴對嘴的親了好久，情緒十分亢奮，小雞雞一直在那兒做堅挺狀。是生平第一次的「意淫」經歷。

離開上饒之前，鄒家姊妹送了我一張她們的姊妹照；姊姊坐在桌前，略帶憂鬱的看著遠方，妹妹的頭靠在姊姊的旁邊，淺淺的笑著，兩人穿一個款式的洋裝，照片後面寫著祝福的話和她們的簽名。經過了這麼多年的離亂，我還留著這幅不曾褪色的黑白照片，美貌依舊，如何忘得了她們？

哥哥的同班紀同學家裡真有錢，我們到他家玩過，客廳裡有好幾張沙發，坐下去會把你的屁股彈起來。沒有大人在家，幾個傭人隔不一會兒就送上點零食來吃。紀同學說他爸爸從上海買來一台留聲機，唱片擺上去，好聽的音樂就出來了。女傭打開留聲機的蓋子，她用手指頭掂起一張黑顏色的大唱片的邊邊，小心的放上去，說要特別注意，唱片很貴，上頭不能沾到灰，要是沾上了油，整個唱片就毀了。她搖一支手把兒，搖到緊得轉不動了，再搬動開關，大唱片很快的在旋轉，仔細的把一個帶著尖針的鐵頭翻過來，輕輕的放在轉動中大唱片的邊緣上，留聲機的另一端有一隻大喇叭，上面畫了一頭哈巴狗，音樂便從大喇叭中傳出

鄒享福、鄒享嬌姊妹。

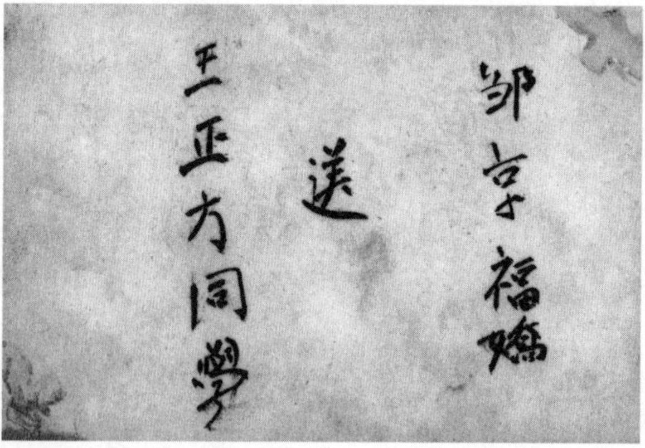

鄒姊姊的字。

來，是個外國女人尖著嗓子唱歌，這東西太神奇了！

哥哥一直問這玩意的原理是什麼？紀同學說是先進科學，中國人還搞不懂。上海不是被日本兵占領了嗎，怎麼還可以從上海買東西過來？紀同學說：「那就看你有沒有辦法囉！」「爸爸告訴我，美國海軍艦隊正準備開進黃浦江，收復上海，我們就快回老家了。」他提議：「過兩天我們去照相館拍張照片吧！」

上饒市的街上有一家照相館。早年的照相館有很多機關布景設備，拍張照片是件大事，過程繁複。先選好布景，可以是一問豪華客廳，或是假山樹木，山野湖泊；然後打燈光，攝影師安排被拍照的人或坐或站，應當作何種表情。照相機以三角架極具威嚴的矗立在面前，相機的頂端有一堆銀灰色的粉末。但見攝影師權威的發號令；要這樣不要那樣，笑容自然一點，你笑起來怎麼左臉是歪的？別作怪樣子。在緊要關頭停下來說釦子沒扣好，快點扣上，難道你希望拍出一張衣冠不整的照片來嗎？攝影師出其不意的按下快門，那堆銀色粉末就在眼前轟然一聲燒起來，一聲巨響伴著火光一片，經驗不足的人，多數都擺出一副驚恐失措的表情來，稍微能沉得住氣的，便屏住呼吸呆如木雞。再來一次？你的錢多到花不完嗎！

拍出來的是一張三個人的全身照，我很不滿意。紀同學和老哥並排站立，我因為個子比他們矮很多，安排站在後面的一台階上，兩手分別扶著他們的肩頭。都穿土布中山裝衣褲，每個釦子扣得嚴嚴實實的。他們二人的表情都還算不錯，我則是一臉緊繃，整個是個驚慌錯愕狀，老哥說我那個樣子像是剛拉屎拉在褲子裡。最令我氣餒的是，我那條褲子太短，褲管吊在一雙布鞋上面好幾吋高，赤腳沒穿襪子的真相也露出來了，多不好看。那時候小男孩都不穿襪子的。紀同學穿的也是雙布鞋，但是他的兩隻鞋頭上，各包了一塊黑色牛皮，硬是比別人帥。

那一年郭老師教四年級，是哥哥的級任導師。

有一天在晚餐桌上，哥哥神色凝重的問：「什麼是電子彈呀？」大家聽了都為之一愣，爸爸說：「不知道，你是從哪兒聽來的？」「郭老師今天講的，她說美國已經發明了原子彈，同學們，你們要給我發明個電子彈呀！」老哥早已立志要當發明家、科學家，以後必須得發明個什麼東西才行呀！

「喔！我只知道原子彈，電子彈是啥東西還沒聽說。」爸爸說：「這原子彈可是個厲害東西，據說只要它爆炸開了，周遭的任何東西立刻都燒成灰。遠處沒被燒到的就被輻射線照到，然後得各式各樣的怪病。輻射線無影無蹤，防不勝防。」他又說：「如果美國賞幾顆原子彈給日本吃，抗戰說不定明天就結束，咱們馬上回北平嘍！」

老爸什麼都知道，那時對他佩服透頂。多年後才明白，郭老師講的電子彈自有她的道理；分析物質到細小的地步，有分子、原子；原子由質子、中子、電子構成，原子可以製成炸彈，下一步當然就該是電子彈了。但是電子彈到現在也還沒發明出來。

郭老師不是物理學家，卻是位脾氣好最關心同學的好老師。哥哥說她真有耐心，班上有的同學算數不好，一道題目老是做不出來，郭老師就一遍一遍的同他講，幫他演算。我們的媽媽可沒那個耐心，做錯了題目最輕的是先臭訓一頓：「上課不專心，連題目都看錯，做錯了的罰重作。」

我們也曾向爸爸抱怨，說媽媽為什麼不能跟郭老師一樣，小聲的跟同學講話，教他們怎麼做題目，那多好哇！爸爸就瞇起眼睛來，從眼鏡上端看著遠方，說：「啊！郭老師，她年輕，年輕就是美呀！」

其實郭老師的妹妹更年輕，她在中正小學教音樂，唱歌的聲音好聽，也愈來愈好看了。從麻沙來的東源哥也在學校裡工作。東源哥老是跟在小郭老師後面轉。

「你媽不是沒耐心，她忙不過來，當教務主任一天要張羅多少事兒喲！身體又不好，天天睡眠不足，腳板底下的雞眼又疼，自己不乖母親說你們兩句又打什麼緊呢？挨罵不疼，男孩子不挨罵不挨打長大了就會沒出息。你爺爺當年可沒少揍過我，有時候那條門閂也上來了！」

「門閂打上去會不會很疼？」「不知道，從來沒讓他給打到過，要躲得快。你爺爺的脾氣和暴風雨似的，狂風暴雨響雷一塊兒來到，最好的辦法是溜到外邊去逛街，一個鐘頭之後再回來，風平浪靜。要是哪一天你們把我真的氣壞了，我就來個『武力幫忙』，狠狠的揍你們一頓。」「不要用門閂喔！」爸爸嘿嘿嘿的笑著，就舉起那根上面刻著「揮杖橫掃五千軍」的竹杖來說：「用這個怎麼樣？」從小到大，他怒吼連連的場面不計其數，武力幫忙好像一直沒有用上。

抗戰勝利後在上饒攝。

暑假時分，中正小學冷冷清清的。沒有什麼暑期作業，每日在學校附近閒逛，結識了幾個街頭小孩，在操場上比賽丟石塊，看誰丟得遠，通常我比他們差得很多。後來母親禁止我到外面和「野孩子」玩，因為每次都玩到一身髒，而且忘了回家吃飯。

那天清晨我醒得很早，睡眼矇矓的看見帳子外面上黏了張紙條，起來一看，上面有母親寫的幾個字：「日本無條件投降，抗戰勝利了！」我陡然躍起，穿上衣服去找大人，父母親摟在一起面對面的熟睡，母親的頭枕在爸爸的胳臂上。我老有個問題：頭那樣子放在胳臂上睡一個晚上，胳臂會不會發麻？而且爸爸每晚都鼾聲如雷，這樣面對面怎麼睡得著，所以媽媽總是睡眠不足。可是我總是忘記了問他們。

都在睡覺，隔壁的兩位女老師也沒動靜，只聽見她們輕微的呼吸聲。我獨自在空無一人的操場上走，一路踢著石子。很無聊，又回到屋子裡。父親已經去上班，教職員宿舍的人聲多了起來，都興奮的在談昨天日本天皇宣布無條件投降的事，每個人都準備回老家去了，中正小學還會繼續辦下去嗎？

媽媽說，昨天聽到抗戰勝利的消息，你們兄弟已經睡著了，就寫了張字條貼在你們帳子上。我說：「是我第一個發現字條的！」

晚上我們去上饒專員公署官邸參加抗戰勝利慶祝晚會。張燈結彩人擠人的好熱鬧，有很多好吃的東西可以隨便拿。晚會裡有幾十個高大的美國軍人，喝著洋鐵罐裝的飲料，一罐接一罐的，母親說他們喝的是洋啤酒。美國大兵的動作大，講話聲音響，他們在唱歌，調子挺怪的，哪裡比得上我們中正小學合唱團唱的〈黃河頌〉？

有個大老美拿來一支長槍，裝上顆粗子彈朝著天空放槍，轟的一聲耳朵都快給震聾了，放出去的子彈帶著一束光，一直衝到天上去，然後它又清脆的再爆炸，一大片煙火在黑夜裡散開，大家齊聲歡呼鼓掌，小孩子們尖叫不止。

13 順流而下歸故里

中正小學的許多老師和學生，都急著要回老家去。父親是派往浙江接收隊伍的成員，頭一個離開江西上饒。我們要等他接收工作完了之後，再一同北上。

記得一天晚上，爸爸突然回家了，一臉疲憊，連軍裝上斜皮帶上都是灰塵，但還是興致勃勃不停的和我們講接收的事。然後他從行李中拿出一把日本軍刀來，慢慢抽刀出鞘，刀刃很長略做彎曲，亮晶晶陰森森的。父親雙手握住長長的刀柄，上下左右揮舞，刀刃兒薄得像片紙，揮出去就發出颼颼的聲音，又邁步向前，做舉刀朝下砍的動作，還喊著：嗨嗨嗨！太少見了，爸爸還會耍刀？

「孩子們，沒見過這玩意吧！」爸爸說：「是佐藤大佐送給我的私人禮物。」

佐藤是某日本機構的首長，父親前往接收，他們有兩個星期的共處，彼此欣賞。父親說：「人家工作忒認真，交出來的人員名冊、物資清單，一筆筆的都清清楚楚。佐藤念過些古文，程度還不錯，他說自己從小就尊奉儒學。」

「爸，您會說日本話，還是他能講中文？」

「都不會，我們筆談，你一句我一句的寫著，沒大問題，但是要用文言文。所以說你們哥兒倆得用心學文言文，將來到了日本就行得通了。」

「他為什麼送軍刀給您，」哥哥問：「日本軍人不是很看重他們的軍刀嗎？」

「啊！前天晚上他為我餞行，我們喝了不少日本清酒。」

「就是要找機會灌酒，」母親在一旁評論：「好酒貪杯，耽誤多少事！」

「日本清酒喝起來挺順口，他們說喝過頭了會醒不過來的。我們愈喝話愈多，一下子就寫了幾十張紙。我問他：爾等八年侵華，燒殺無辜，無以數計，子曰：己所不欲，勿施於人！汝本儒生，當何以自省？佐藤看了看我問的，沉默好一陣子，站起來整理了下服裝，嘴裡嘟囔幾句，朝著我慢慢的鞠了一躬。」

「那是什麼意思？」我們不懂。

「然後他坐下來，提筆揮毫寫了一句：小子鳴鼓而攻之可也。互相看了一會兒，我們就大笑起來。再喝下去神智就不十分清醒了，最後他堅持送軍刀給我，我說自己不是軍人，大佐與刀應形影不離。他寫道：敗軍之將，不再言武。」

母親下令：軍刀是危險兵器，小孩子不許碰它。哪裡管得住我呢？私下裡我偷偷仔細觀察佐藤軍刀多次，刀把足有一尺半長，用漂亮的金色穗子層層裹得整齊，空隙處見到兩個漢字：佐藤。刀口飛薄的，刀刃有某處缺了米粒般大小的口子，刀尖附近的色澤隱隱發暗。有人告訴我，刀上的血漬如果不立刻擦乾淨，刀刃的顏色就變黑。試著揮了兩下子，實在太重。

我們的初步回鄉計畫：從上饒往南行，到浙江金華等船，沿著之江順流而下，幾天以後到杭州，再想辦法去上海，搭輪船去天津；到了天津就方便了，北平天津之間有火車。抗戰勝利後的中國滿目瘡痍，交通路線與交通工具都殘破不全，數千萬人同時爭先恐後的等著回老家，行路難。

正待出發的那天早晨，郭老師跑著來到我們家，一見面就抱著媽媽嚎啕大哭，聽不清她在說什麼。她拿出一封信給母親看，然後破口大罵東源哥：「我早就看出來那個麻沙來的小子不懷好意，他根本不是個好東西！」

聽了半天才鬧清楚，小郭老師和東源哥一塊兒逃走了，只留了一封信給郭老師，信裡沒有說他們去哪裡，也不必找他們，等安頓下來就會跟姊姊聯繫。郭老師受不了這個，又擔心妹妹擔心得要死，說她妹妹其實什麼都不懂，根本不會照顧自己，有時候還會忘記吃飯，在外面一定會被人騙。媽媽勸了她好久，郭老師才不哭了。爸爸說：「女孩子長大都自己有主意了，不用太擔心，他們會很好的。你看東源從麻沙過來這兩年，進步多快，他喜歡看書，交給他辦的事，都負責任的辦得挺好呀！東源這孩子其實不錯……」

郭老師不能忍受聽到東源著兩個字，她馬上反應激烈地說：「他欺騙我們，拐走了我妹妹，她還不滿十八歲……」

在金華登上一艘老船，滿滿的載上十來名乘客，它就像國畫裡面的船，上面罩著半圓形的烏篷，船中豎起一支高高的杆子，用來掛帆。起風的時候，升起那張釘滿了補綻、髒兮兮灰撲撲的大布帆，船老大叼著根短旱菸斗，笑咪咪的掌舵，船就順著風朝前快走。他太太忙著洗菜做飯，招呼全船人的三餐，還有個女兒，前前後後勤快的幫媽媽做事。母親旁觀了一陣子，對這女孩稱讚有加：「女兒就是貼心，你看她才多大呀！有條有理的，用過的東西整整齊齊放在原來的地方。」這是在對我們哥兒倆進行機會教育呢！

船身不寬，乘客多，活動的空間很小，這趟旅程要走好幾天，小孩子憋在裡面甭提多難受了。很羨慕船老大的女兒，她可以裡裡外外的走來走去，還能在很窄的船沿上赤著腳小跑，有時船身搖擺得很凶，她走在上面硬是不會摔下去。船上的飯菜好吃，新鮮的魚蝦，還有鱉魚湯。這幾天爸爸可就受罪了，他的名言是：

「蟹不如蝦、蝦不如魚、魚不如雞、雞不如肉、肉不如大肥肉。」

梁山泊好漢到了江南魚米之鄉，肯定也會有此感嘆！

若遇到逆風或沒有風的時候，船老大就累慘了，他一個人在後面搖櫓，搖得滿頭大汗，船還是走得很慢。好幾次船停在岸邊，船老大上岸去了一會兒，回來向大家說：「下一段不好走，安排好了縴夫來拉縴，對不起要收點錢。」一下子岸上來了十幾位壯漢，七嘴八舌的講了一陣，然後每人把粗繩子套在肩膀上，齊步拖著船走，他們還唱起歌來，船就走得相當快了。

經過一段江水，水位降得很底，我們的船人多貨重，聽見不斷有石頭碰撞擦蹭的聲音，船的底板已經接觸到河底的石子了？船老大向大家保證：「不會有事的，今年的雨下得不夠，江水淺，沒有關係，更淺的水都過得去，我拜水龍王拜了幾十年，龍王爺保佑我旅途平安，一年比一年發。」船底蹦蹦的一直在響，母親抓住我們的手，臉色沉重，她嘴唇在動，默默地念著什麼。

船停在一個碼頭一整天沒動，附近還有好多船也停在哪裡。好多乘客都下船到岸邊走來走去，還有個年輕人跑到附近的村莊買了水果什麼的回來，船還是不開。船老大說我們要等那艘機器船來，搭一條繩子在機器船上拖著走，半夜開船，第二天早上我們就到杭州了。船老大又向每家收錢，媽媽抱怨，這次收的比每次付拉縴的多得太多，老爸嘆了口氣。傍晚時聽見遠處傳來噠噠噠噠的聲音，機器船到了，外面的人聲嘈雜，天色已暗，我什麼也看不見。

第二天清晨起得早，噠噠噠噠的機器聲一直很規律的在響著，我走到船頭，船老大的女兒一個人坐在那兒，呆呆的望著前方。我問：「妳在幹什麼？」她指了指前方，我看到前方有一艘普通的小船，還沒有我們這艘的一半長短，船尾裝了一台機器，發出雄厚的噠噠聲，就是那台機器拖著我們這艘船往前走。我們的船頭綁了一根繩子，接過去牢牢的拴在機器船的船尾上。她向四周指了一下，不得了，前前後後有幾十條跟我們大小差不多的船隻，都連了一根繩子到機器船的船尾上，機器船拖著所有的船去杭州！我說：「這隻小船力氣真的有那麼大呀！」船老大女兒淺淺的對我笑，她今天早晨好漂亮，可能聽不懂我講什麼，她講金華話。

杭州的碼頭好大呀！各式各樣的船都有，轉眼之間過來一艘大輪船，足足有好幾層樓高，默默的從我們面前過去，它忽然拉起汽笛，好長的一聲，響得半死。

爸爸雇了三輛黃包車，大人各帶一個小孩坐一輛，還有一輛拉行李。我頭一次坐黃包車，兩隻輪子又高又大，車夫在前面端起把手來，大步往前跑，坐在後面就像懸空似的在路上飄。大都市杭州熱鬧繁華，為什麼大白天街邊的店鋪要開著電燈？一轉彎，對面一座樓閃爍著一明一亮的霓虹燈，我從黃包車的座位上興奮的跳了起來說：「好漂亮喲！那是什麼？」父親搖頭笑起來：「真是個鄉巴佬進城耶！」

父親帶我們去吃館子，我們哥兒倆生平頭一次上餐館，爸爸說順利到了回鄉的第一站，小孩子可以點一道自己喜歡的菜。記不得其他人點了什麼，我看菜單看了很久，主要是因為上面還有好幾個字不認得，我點了「魚頭豆腐」。媽媽說這道菜點得好，老爸搖頭：「怎麼已經下船了還得吃魚？」

14 西湖邊上讀小小說

原定計畫：在杭州小住幾天，然後搭火車去上海，乘輪船去天津。但是在杭州持同樣想法的大概有幾十萬人或更多，多數都上不了火車，我們就在杭州找地方住下來。地址是：杭州市惠新路ＸＸ巷一弄一號三樓。

那一層樓住了好幾家人，一對年輕廣東夫婦，先生姓鄺，講著廣東音很重的國語，他說只有廣東人才有這個姓，姓鄺的是廣東人帶著耳朵，最有耐心聽別人講話。他太太名叫野萍，野萍阿姨很會喝酒，常常聽見她關上門對她先生吼叫，媽媽說她真夠野的，我們就叫她野阿姨。

對門住的是張阿姨，山東人，她只會說家鄉話，帶著一個小女兒叫小妹兒，比我小三歲。張阿姨頭一次見到我們就說：「遠親不如近鄰，近鄰不如對門。」經常不請自到，笑容滿面的說：「王太太，妳穆（沒）事吧！穆事俺就來同你拉聒（閒聊）。」媽媽在山東工作過，兩人拉起聒來沒完，想念青島、濟南。張小妹兒最喜歡跟著兩個大男孩的後頭當跟屁蟲。

三家人都暫時住在這裡等機會買到票回老家，沒料到這個等待時期非常長，張阿姨半年後離開，我們在惠心路一共住了九個月。爸爸仍有軍職在身，抵達杭州不久上級派有任務，搭軍車先去上海，之後到了北平。九個月內他回來杭州兩次，最後才安排好我們去北平。

學校已經開學，母親沒有安排我們在杭州上學的打算，哥兒倆閒在家裡每天胡混，很久沒碰書本了，不是個道理，母親說這樣下去豈不成了野孩子？規定早上磨墨寫大楷，磨墨是一個考驗耐心的過程，墨磨得不好，字一定寫得濃淡不勻的怎麼能看呢？大楷是臨摹顏真卿的〈麻姑仙壇記〉，每人每天至少寫三大張。母親說，學寫字開始一定要學顏真卿，他的字大方、中規中矩、氣派雄偉、格局寬宏、筆觸強勁。柳公權的字也好，但是一般人會學偏了，寫出那種看來漂亮的俗氣字，趙孟頫的字絕對學不得。

母親的書法遠近知名，寫的字氣勢磅礴，毫無閨閣氣。上饒小學大門口的橫幅，「中正小學」四個字，是老母寫的魏碑體。現在她來督導我們兩人寫字，當然是要求嚴格一絲不苟的把著手教。我素來飛揚浮躁，最適合做的事就是到外面去和野孩子們胡鬧，如今要靜坐桌前，手執一根墨棒，緩緩的在硯台上磨，真是個無比的煎熬！還用問？幾個月下來我的大楷沒什麼進步，偶爾有一兩個字寫得還可以，母親就用紅筆在上頭圈個小圈子，但多數都是橫不平豎不直的，自己看了也生氣。

老哥的大楷可是愈寫愈好。後來他用超大的毛筆寫了一幅橫匾：「我愛中華」，下款是「十齡童王正中」。這幅匾送給了杭州的中華書局，人家很重視，就在書店某個顯眼的地方掛了起來，一抬頭就看得到，神氣吧！我在杭州練大楷唯一心得是把〈痲姑仙壇記〉字帖看懂了，而且都記住。

痲姑本名王方平，故事發生在撫州南城縣。母親說，撫州就在江西省，南城是我們去過的地方。古時候當地有位富翁蔡經，一直畢恭畢敬的供養痲姑，後來蔡經發現痲姑的手長得像隻鳥爪，他在心中暗念：「以此扒背，乃佳也。」可是人家痲姑是神仙，早就知道蔡經的心中在轉什麼鬼念頭，立刻翻臉，命令天兵天將用鞭子把蔡經痛打一頓，老蔡慘遭修理。我覺得蔡經想的沒錯呀！手爪子長得跟鳥爪一樣，可不就該用來撓癢癢扒背，那才叫舒服哩！

母親常常帶我們去杭州中華書局看書，每次都買幾本書回來。最喜歡看的書是一本連一本薄薄的「小小說」；內容是從不同古典章回小說中摘節下來一篇篇的原文故事，每本都有個彩色封面，字體大，沒有標點符號。母親帶著我們去西湖邊的湖濱公園，坐在湖濱路旁的椅子上慢慢讀小小說，那時候我們閱讀文言文的能力還不怎麼夠，遇到難懂的地方，她稍作解釋。讀完一遍之後，我們搶著自己再看一遍或多遍。咱哥兒倆的文言文，先從聽開始，再做文字閱讀，打下了點兒基礎。

母親選的很多是《精忠說岳》的片段，〈朱仙鎮〉、〈黃天蕩〉、〈風波亭〉、〈瘋僧罵秦〉等。西湖風景中有岳王墳、岳土廟；我們曾去過多次，做過實地考察。岳飛的墳是一個半圓形大土堆，他兒子岳雲，就是那位慣使兩把大錘的勇將，他的墳在後側方的小圓土堆。父親說這兩座墳是後人為紀念他們蓋的，墳堆裡面大概什麼也沒有，因為岳飛父子被皇帝下令處死，行刑之後就丟在亂葬崗子裡去了，誰敢替他們辦後事？岳飛遇害年三十九，岳雲還不到二十歲，都是虛歲。岳王墳的旁邊有兩個銅像，一對男女低下頭作懺悔狀，兩隻手背縛在後，他們是秦檜夫婦；經過的遊客就朝著他們吐痰、小便，髒兮兮的看著特別噁心。父親說這種搞法實在很阿Q，可是歷代的中國人就是這個樣子。「什麼是阿Q呀？」爸爸同我們講了一大篇阿Q的故事，說魯迅寫的東西真夠「損」，但是看著過癮，迷死人的。

母親也選過好幾本從《西遊記》節錄下來的小小說，《東周列國誌》、《隋唐演義》我們也有讀過一部分，可是母親從來沒選過《紅樓夢》、《三國演義》中的故事，一定有她的原因。後來聽人說：「少不看紅樓，老不讀三國。」因為《紅樓夢》裡有不少性愛的場景，年輕人看了就會心生邪淫，耽誤正經事。《三國演義》中充滿了謀略算計，老了就應該心平氣和的頤養天年，別再多動歪主意了。

受過小小說的啟發，我對中國古典小說的興趣濃厚。記得是在某年的暑假，閒到發慌，一口氣把四大古典名著都看完了，有似懂非懂的地方，像《紅樓夢》裡的大篇詩詞，就跳過去先看下面的。但是可以保證，我青少年時代的大量邪思淫欲，絕非來自《紅樓夢》；如今垂垂老去，歪主意仍不斷，也都和《三國演義》沒有啥關係。

我們的瘌痢頭並沒有因為抗戰勝利而有所好轉，頭上還是東一塊西一撮的，顏色發白，有的流膿流血，既難看又難受。爸爸參與接收工作，認識不少日本軍方的人，他找到一位還留在杭州等待遣送回國的日本軍醫，是位皮膚科專家。那位軍醫瘦小和藹，留著一小撮仁丹鬍子，基本上不會說中國話。他看了看我們哥兒倆的腦袋，笑咪咪的以手做抓頭狀，說：「癢，很癢？」當然癢，一直都在癢。日本軍醫給了一瓶藥水，上面有「甘露」兩個字，一天要擦兩次。

這個「甘露」可不是開玩笑的，塗在癩痢頭上就像是燒起火來那麼疼！母親每次給我們上藥，兄弟二人就止不住滿地打滾的鬼哭神號起來，頻頻呼叫：「甘露呀唉！甘露呀唉！」擦甘露的後果是將頭皮燒到一層層脫落，頭上總會泛起來此起彼落的黃褐色廢皮來，那個模樣實在相當抱歉。

惠心路距離西湖不遠，從我們的住處散步過去，一下子就到了湖濱路，清晨時分湖邊的空氣新鮮，湖濱路上有不少人在逛，只要天氣好，我們一定每天去湖濱路走走。那條路很長，種了一棵接一棵的樹，樹下有各式花草，杭州市沒有經過激烈戰爭的破壞，勝利後的都市環境還很漂亮。

有一次我們看見幾個年輕人帶了一支鳥槍，來來回回的在樹下張望；講著杭州話，但是看得出來他們在找哪兒有鳥。一株樹上有個鳥巢，幾個人就興奮的壓低嗓門兒，選了個角度，一個高個子舉槍瞄準了很久，老不扣扳機，我們在旁邊屏住呼吸，看得很緊張。「砰！」的一聲開槍了，鳥巢裡有一隻大鳥叫著飛出來，巢裡面有好幾隻小鳥在嘰嘰喳喳的吵。高個子又裝子彈，大概預備再放一槍，大鳥已經飛遠了，他要打不會飛的小鳥？不知道為什麼，那時我突然衝過去扯住高個子的手臂，說：「你不要再打了，不要開槍打牠們了！」

幾個年輕人覺得奇怪，眼前這個小孩子高度還到不了那個高個兒的腰，怎麼就過來拉拉扯扯的？他們互相看了看，講幾句調侃的話，同時放聲的笑起來，我還是扯住那大高個兒的袖子不放，繼續要求他別打鳥了。再說了兩句，便止不住的哭聲連連起來，像小孩子耍賴。母親也過來勸他們不要射殺公園裡的鳥，幾個年輕人擺出不遜的樣子，搖搖頭，晃到湖濱路的另外一頭去了。

母親誇獎我，說：「小方今天見義勇為，只是太愛哭，好好的同他們講不就得了嘛！」老哥一直嘲笑我遇到一點事就哭，上輩子可能是個雨神，不對，是站在雨神旁邊捧夜壺的童子，所以常常尿床。

我後來做了分析，那天哭是因為害怕，他們的塊頭那麼大，要是惹火了動起粗來，我可不就跟〈麻姑仙壇記〉裡面的蔡經一樣，只有挨打的份兒？這件湖濱救鳥事件，在我們家經常被提起，多年後老哥作了結語，曰：「見義勇為護幼鳥，涕泗橫流是小方。」我也有五言句：「仗義護幼鳥，區區一小方。」

後記

數十年後我又去了一次杭州，行程比較悠閒，安排半天的時間遊西湖。想去哪裡？去湖濱公園看看就好，陪同為之一愣；湖濱公園也算個景點？湖濱路都鋪上了水泥，一眼望去是長長的、白慘慘的路，不見一枝花草，燥熱難當，路邊的樹還在，個個垂頭喪氣像是困在當處，作無奈的憑弔。眺望湖水，灰濛濛一片混濁，耳目為之窒息。

昔日的西湖有我們逝去的童年，又何必去尋找，反正永遠找不到、也回不來的了。坐在那兒生了半個多小時的悶氣。陪同走過來輕聲問：「王先生……。」

15 小妹兒丟了、大表姊來了、野阿姨醉了

隔壁的張阿姨來我們家串門子更勤快了，她和母親談的多半是懷疑她丈夫；去山東濟南幾個月，就沒接過幾封他的信，八成是跟他老家的那口子在一起，還是又找了個年輕的，忘了她和小妹兒。說著說著就拿出手絹兒來擤鼻涕，是聲音很響的那種擤法。媽媽在一旁陪著嘆氣，安慰幾句。最後張阿姨總是要哼起〈秋水伊人〉那首歌來：「望穿秋水，不見伊人的倩影……。」山東腔很重，還會走音。母親有時候也跟著唱，唱完了一天的心情都不好。

張小妹兒喜歡跟我們在屋子裡轉來轉去的；寫大楷之前的磨墨工作，就派小妹兒坐在那裡替我慢慢的磨，墨汁灑出來一點，還教訓她幾句。鋪開報紙寫字，小妹兒雙手支著下顎在那兒專注的看，寫完一個字她就會問：「這個字叫什麼？」「這個字念麻。」她就跟著念，念錯了還罵她笨，我不是一個好老師。後來她也能認下來好多個字了。

多年前世界上最大的郵輪鐵達尼號觸礁沉沒，淹死了好多人。我們兄弟就把這件鐵達尼號沉船編成了戲，在家裡排演「沉船記」。鐵達尼號上的人很多，張小妹也參加演出，我們一會兒扮演船長、水手、乘客，撞船的時候東倒西歪、掉到海裡去喊救命、被救起來在小船

上吐水……；情節甚多，一面排演一面添加劇情，三個人瘋得怪叫不已。最喜歡的部分是獲救的人吐水，含了半口水作半昏厥狀，吐出水來再倒下去，樂不可支，蠢兮兮的不斷重複同樣的動作。大人發現我們把房間裡弄得到處是水，一陣痛罵，責令用掃把抹布把整個房間做徹底打掃，我們在拖地板的時候，又編了好多場戲，玩得又開心又累。

一天傍晚我們走回家去，看見張阿姨站在門口，雙眼發呆，垂著肩膀很沮喪的樣子。母親同她打招呼：「大老晚的了，回屋去吧！吃了嗎？」「小妹兒丟了！」張阿姨的聲音低啞，然後止不住的飲泣。「丟了？什麼時候丟的，在哪裡丟的，趕快多叫人幫著去找哇！」

張小妹兒三天前晚上就發高燒，躺在床上胡言亂語的，到今天早上燒還沒退。張阿姨的朋友介紹了位中醫，說那可是位神醫，找他來看病比較貴，但是一服藥下去病保證就好。神醫給小妹兒號了號脈，開了一服藥。小妹喝下頭一盅藥就昏迷過去再沒醒過來，去找那個鬼大夫，神醫早跑了。小妹兒是今天下午走的。張阿姨說：「俺好不容易才拉拔大這閨女，現在就這麼把她給丟了。」她扒在母親的肩上，邊說邊哭著。

張小妹穿著漂亮衣服躺在她的床上，像睡著了一樣，她光著腳沒穿鞋襪。張阿姨坐在床邊，不再哭了，兩眼直挺挺的望著小妹兒，然後緩緩的低下身子，親了一下小妹兒的腳趾頭。

媽媽有一天宣布：「大表姊要來杭州了！」「誰呀？」「就是你南城四舅的女兒呀！」

上回我們去南城她不在，這次她專門從南昌過來看我，頭一次見到大表姊，你們可得有禮貌。」

大表姊出現在門口；圓圓的臉、一雙大眼睛、皮膚曬得黝黑、雙頰紅噴噴的、陽光燦爛的笑起來，個子不高，穿合身的軍裝，頭髮剪得很短，罩在那頂大軍帽底下。她大聲喊著：「大姑啊！」母親驚喜，就以江西話同她忘我的對話了很久，然後發現我們哥兒倆傻乎乎的站在一旁呆望，才開始用國語交談。大表姊的江西口音比媽媽還重，不過她的聲音輕柔細嫩，聽著特別順耳。

大表姊可帥著咧！她剛剛在南昌受完入伍訓練，趁著有幾天假，搭上軍車到杭州來看大姑。抗戰已經勝利了，怎麼還去當兵呢？響應蔣委員長的號召，十萬青年十萬軍嘛！勝利前幾個月報名入伍的，現在已經編入陸軍第二〇X師，要調到哪裡去都還不知道，聽說是去東北。母親很不放心，頻頻的問：「聽說東北快要打仗了耶，女孩子在部隊裡幹什麼，難道也要扛著槍上第一線？妳還沒滿二十歲呢！」

「大姑別擔心，部隊的同志都對我很好，生活比在家裡苦一點，我們互相照顧，過得還不錯。女兵不用上第一線，做文化宣傳工作。」「大表姊妳放過槍嗎？」「當然放過，好多次呢！青年軍的裝備最好，大家都要通過射擊訓練。我打得還滿準的。」「放槍好響，會不會害怕？」「怕聲音太響可以在耳朵裡塞坨棉花，最要注意的是放槍以後的後座力，搞不好會把肩窩給撞得又青又紫的。」「什麼是後座力呀？」

入伍前的大表姊。

1945年大表姊入伍後。

大表姊知道的事真多，她很有耐心的同我們講部隊裡好玩的事、南昌鄉下的水果都有些什麼，真叫好吃哩！最喜歡聽她講外國童話故事：《白雪公主和七矮人》，吃一顆有毒的蘋果會昏過去；《仙履奇緣》，被後母虐待的漂亮女孩子，參加舞會，半夜十二點，馬車快變回南瓜了，緊張的快跑，丟了一隻玻璃高跟鞋；她學《綠野仙蹤》裡的獅子，那個假裝勇敢的傻瓜樣子，好好笑。我們聽得入迷。

抗戰時期在江西的鄉下成長，任何書本都得來不易，聽大人說話，是我們攝取知識的主要來源。爸爸講的多半是《三國演義》、《水滸傳》的段子，母親正兒八經的念小小說，念完了我們得好好的去讀，下一次她要抽考，千萬不能念白字；有次我把「泣」字讀成了「拉」，馬謖念成馬繼，除了被教訓，還讓哥哥嘲笑了半輩子。我們從來就沒聽說過有兒童讀物、西洋童話，專門為小孩子寫的書？大表姊住在大都市南昌城，見識當然廣，她小時候一定讀過好多童話書，又那麼輕聲細語的講一個個美美的西洋故事，我們愛她愛得要命。

母親交下任務，我們帶大表姊遊西湖十景。那麼多的景點，幾天怎麼跑得完？其實是老母每天被我們煩死，她信得過大表姊，就把帶小孩的工作交給姪女，暫時輕鬆幾天；母親不斷的警告，不准亂買路邊的零食吃。大表姊換上普通衣服，更加好看。同她出遊太愉快了，隨著我們的意思亂玩，只要別走丟了就好。想死了買一支冰棒吃，慫恿了許久，大表姊就是不肯，說大姑交代的話是法律，我們曹家的家規：長姊如母，連我爸爸也要聽大姑的。

大表姊只在我們那裡住了五天，又穿上軍裝拎著軍用包，回南昌師部報到去。我這個雨神身旁捧夜壺的童子，臨別時止不住又失聲痛哭起來。大表姊說，部隊調到北方，有空就去北平看你們。後來我們去了北平，一直沒有大表姊的消息。

她離開之後，我們還不停的談大表姊。母親說，你四舅很封建，就想有個兒子，可是你四舅母生不出兒子來，舅母年紀也大了，四舅大概是要再娶一房。這件事大表姊非常反對，所以他們父女間的感情不太好。

爸爸回到杭州，不停的跟我們講北平，說：「北平可是個有規格的城市，方方正正的走到哪兒東南西北都清楚，所以它才配做八百年的中國古都。你問北京老太太剪刀放在哪兒？她會說，在東邊那個櫃子靠北的抽屜裡。江南的都市個個彎彎曲曲，小弄堂多；北平也有小弄堂，叫衚衕，進了衚衕也鬧不清方向了。咱們過一陣子就去北京，不，現在叫北平。到了那兒你們倆的國語可得給我注意著，該捲舌的地方、輕聲、兒化韻都不能馬虎，北京的小孩兒厲害著呢！聽出你說話帶口音，就拐著彎兒損你。」「怎麼個損法？」

「我從河北老家去北平念北師大附屬中學，住在永定門附近。同學們聽出來我有鄉下口音，就衝著我叫：喂！村兒裡來的，永屁股門兒那邊下雨了嗎？」聽不懂。「北方農村老百姓的話，屁股叫腚，永定門可不就是得叫永屁股門了嗎？」我們兄弟倆在那一陣子努力練北京口音，還不時糾正媽媽的江西腔。

隔壁鄺叔叔知道爸爸到家了，叫了一桌子菜請我們過去吃飯。鄺叔叔喜歡聽爸爸講笑話，他對北方發生的事情最有興趣；野阿姨愛跟父親喝酒，過去他們拚起酒來你一杯我一杯，胡說八道的很熱鬧。這回說要替我們餞行，叫的菜特別多，一半都有大塊的肉。爸爸喝了酒話一定多：「我有一個謎語：日本無條件投降，打古代人名一。」

鄺叔叔想了一會兒，放棄。「答案有兩個：屈原、蘇武。屈原是指日本屈服於美國的原子彈，蘇武是說蘇聯出兵中國東北。其實用蘇武做謎底嫌牽強，蘇聯紅軍趁著我們這邊來不及接收，乘人之危，急著過來要搶東北的領土和資源。回答不同謎底的人，代表各自的政治立場；答屈原的贊成國民黨，說蘇武的擁護共產黨。唉！國共兩邊肯定要打起來的。日本慘敗，咱們這邊是慘勝，接著還自相殘殺。老蔣究竟要怎樣呢？還要不要咱們老百姓了唷！」

媽媽不斷的瞪他，攔不住老爸的隨性亂講話。「小鄺他們又不是外人，關上門兒喝酒發發牢騷礙著誰了呀？」野阿姨喝了三杯，她酒興上來了，不停的要同爸爸乾杯。她開始叫爸爸乾爹，父親連說不敢，但是論年紀他也勉強夠格。野阿姨要求父親照顧乾女兒，給她改名字，把那個野字去掉。「野字挺好的呀！我們漢人就是不夠野，真的能野起來哪個帝國主義敢欺負我們？」

一頓飯吃了很久，野阿姨的聲音愈來愈大，動作也大，砸碎了兩隻杯子。鄺叔叔先是好好勸她，無效。後兩個人彼此以廣東話大聲吵，父親講笑話，想緩和氣氛：「我在《前線日報》上班，隔壁同事是廣東人，我懷疑他有外遇，而且我知道他那個外遇的名字叫彬，因為他每次接電話都說：彬妹呀！」（粵語：賓位，哪一位）沒人笑，鄺氏夫婦愈吵愈烈，我們一家四口匆匆離席。

好奇心重，我頻頻的去鄺家偷聽偷看。裡面有摔東西的聲音，野阿姨尖叫，鄺叔叔怒吼，然後鄺叔叔用力甩門出去了。我慢慢推開他們家的門，進去瞄一下現在怎麼樣了？屋子裡砸得一團亂，野阿姨躺在床上呻吟，嘴角有白沫。走向前去，野阿姨說：「小方啊！我好熱，胸口好熱。」我站在那兒發傻。「你去廚房喲！——拿那塊豆腐來。」廚房真的有一碟子新鮮豆腐，拿過去交給了她。野阿姨就解開上衣，露出奶奶來，把豆腐都倒在胸口上說：「喔！現在才涼快嘍！」

我回去做現場報告，爸爸的眉毛揚起，若無其事的慢慢蹭到隔壁，我也跟了進去。野阿姨還躺在那裡，繼續哼呀嗨的！大概覺察到有不同的腳步聲，她抓過件衣服來，把胸口上的豆腐什麼的都蓋住了。事後老哥分析：那天野阿姨其實並沒有醉得很厲害。

三天後我們坐火車去了上海。

後記

幾年後媽媽帶著我們在台北市逛南昌街，聽見不遠處有一男一女以純正的南昌話交談，母親駐足不肯走了，四處張望著，一定要找到說南昌話的人。然後聽見了身後有尖聲呼叫：「大姑啊！」一大表姊抱著個小女嬰，身邊站著一位高大英俊的男士。姑姑侄女重逢的場面極為戲劇化。大表姊和她丈夫隨著部隊撤來台灣，退伍之後就住在台北市附近，他們的小女兒已經一歲了。自此後，大表姊一家是我們數十年在台灣來往最密切的親戚。

一九四九年前後，由大陸去台灣的外省人，總數超過了兩百萬。早年走在台北市的南昌街上，不時會聽見有人講南昌話，當然還聽到其他地方的方言。

16 很多親戚，還有五個姊姊

父親早一天去了上海，先到那邊安排住處，買船票。我們興奮的幫著母親打包、搬東西，匆匆吃簡單的午飯，媽媽有心事，幾次要開口說話，欲言又止。我說：「媽，我昨天沒尿床呀！」她放下筷子，頓了一下，很鄭重的說：「本來早就要告訴你們，在北平你們還有五個姊姊。」

剎那間，哥兒倆就呆在當處。我這老哥發傻的樣子是上唇微翹，嘴巴半張，朝外哈氣的聲音幾乎可以聽到，夠呆的。五個姊姊，都多大了，念哪間學校，她們有大表姊那麼漂亮嗎？媽，您以前生過那麼多小孩，哥哥不是第一胎嗎？生不出來還必須在肚子上切一刀，那個刀疤還在呀——？一下子問題多到不行。

媽媽面色沉重的解釋：「你爸爸在農村老家，才十五歲，父母就給他娶了比他大五歲的媳婦，北方的鄉下都是這樣的，他們生的都是女兒。你爸爸和我在濟南因為工作的關係認識了，後來我們結婚。」

我說：「媽，還是您最棒，一連生了兩個大兒子。」媽媽瞪了我一眼，快要發脾氣的樣子，但是緊閉著嘴沒發出來。哥哥問：「爸就和他原來的媳婦離婚了？」母親不作答，催促我們快點吃好飯，就該上路了。

頭一次坐火車的感覺，如今完全記不起來，因為我已經被五個姊姊的新聞所籠罩，心中有說不清楚的興奮與期盼。再問母親這個事情，她臉色鐵青不許我們再囉嗦，見到爸爸你們自己去問他吧！我們私下嘀嘀咕咕的討論；爸爸曾經和比他大那麼多的人結過婚，她現在一定滿老了吧！五個姊姊長的什麼個樣子，會不會跟我們很像，還是有點像，都跟爸爸一樣喜歡吃大塊的肉，她們學過唱京戲嗎？

父親在上海車站接我們，暫時住在他前線日報同事宦伯伯北四川路的家裡。兩家人擠著住，活動空間變得很有限。宦伯伯有好幾個小孩，其中有一個和我的年紀差不多，聲音特別大，衝上衝下的沒什麼規矩。我最羨慕他有輛小三輪車，紅紅綠綠漆得好漂亮，車把上有個鈴鐺。這小子有事沒事就騎上三輪車，在窄小的屋子裡按鈴吆喝橫衝直闖的，誰也不敢說他。一天之後我同他混熟了點，巴巴結結的提出來：「欸！三輪車借我騎一下子好不好？」「不可以！」他大吼：「那是我的。」

「哎呀！這麼小氣，騎一下子你的三輪車又騎不壞的。」哥哥教導我說，別人的東西千萬別去想它，何況這裡是上海。「上海又怎麼了？」「你表現出來那麼喜歡人家的三輪車，在上海會被人家看不起你的。」「是喲！」老哥比我大，硬是比我懂得多耶。

我老哥也幹過壞事，而且只有我知道。有一天傍晚我們從外面回來，沒吃晚飯，走在北四川路上很累，哥哥落在後面，都快看不見人影了。母親要我去叫他，見到他嘴巴鼓了起來，好像慢慢的在咀嚼。「你吃什麼東西呀？」他緊張的搖手要我不准再問了。到了母親跟前，被訓了幾句：「上海人生地不熟的，拐小孩的騙子最多，你叫人拐走了怎麼辦？」哥哥一直緊閉著嘴不說話。

事後他才告訴我，走在街上看見一個賣燒餅的攤子，有那種圓形的小蟹殼黃，香極了，因為實在太餓，趁老闆不注意，哥哥抓了一個放進嘴去，咀嚼困難，怎麼說話呢？我說：「怪不得我看見你嘴邊有幾粒芝麻。」路燈昏暗，母親沒看清芝麻粒子，她若是知道兒子有盜竊行為，麻煩會很大。可是我最關心的是那隻蟹殼黃的味道，究竟是怎麼樣的？

三天後，我們登上了「執信輪」，載重三千噸，直航天津。從來沒見過這麼大的船，粗大的鐵纜繩，緩緩拉起江底的錨，隆隆的響聲，攪動起黃黃的江水，髒兮兮的大鐵錨拉了上來，就掛在船頭邊。甲板好寬，上面堆了很多大箱子，在中間跑來跑去的像捉迷藏。溜到輪船的底艙，有個房間燒著大火，兩名打赤膊的壯漢剷起煤塊丟到火裡去，火勢立刻更加的旺起來，熱得要命。一個壯漢看見了我，用上海話喊著：「啥個地方跑來個小癟三？」我趕快竄回甲板。

它是條貨船，乘客不多，我們睡覺的地方擺了張窄床，爸媽擠著睡，哥兒倆打地鋪。爸爸說，託了好幾層關係才買到這個小地方，湊合著挺過兩晚上吧！小方千萬別尿床，沒地方洗衣服被子，你要是騷乎乎的下船，親戚見了你都會躲得遠遠的。還算爭氣，在執信輪上沒有尿髒了被窩，母親對我的每日飲水量做了嚴格管控。

我們每日三餐在食堂和水手一起吃飯，端個大盤子自己打菜飯。輪船上到處都聞到濃重的煤油氣味，食堂裡也不例外，母親說她聞到煤油氣味就要吐，根本沒法子吃飯，在房間裡吃兩塊蘇打餅乾就好。略略起了點風浪，媽媽就得橫下來，痰盂放在床邊，隨時準備吐。哥哥好不到哪裡去，也是個暈船的料。我基本上不暈船，沒人管了，上上下下跑個不停。

開到塘沽口，輪船停下來很久，一個海員告訴我，要等領航員來帶路去天津。因為天津不靠海，要走一段海河才能到。這海河彎彎曲曲的，河底有深有淺，隨著季節河道的變化多，只有當地人才清楚。像執信輪這麼一條大船，走岔了路擱淺起來那才叫麻煩哩！所以這一段要靠人領航。

一條小船噗噗噗的開到，上來一個很神氣的領航員，和船長一起站在駕駛台上指指點點的，輪船就在不算寬的河道上左右繞著彎前行。我們的船特別大，拐一個彎就會翻起陣陣大波浪，浪頭一下子淹過河邊的蘆葦，靠著河岸的一隻漁船，船頭船尾各有一男一女，船被浪頭推得很高，兩人面對面隨著波浪一高一低的像坐蹺蹺板。我說：「爸爸，他們倆在演京戲的《打漁殺家》呢！」「真是的，到了北平咱們去看最好的京戲。」

華北的景色是一片灰灰撲撲的，見不到綠色的草和樹，兩岸有疏疏落落的住家，灰土土的平頂房。爸爸指著說：「我小時候就住在這種用泥巴和著麥梗子砌起來的土房子裡，裡面都有炕，好東西呀！炕底下燒著慢火，熱乎乎的從背部暖上來，一覺醒來什麼腰瘦背痛都好

1946年兄弟倆在北平。

啦！冬天睡熱炕是天下最舒服的事。」

炕裡頭燒的什麼？天下最便宜的燃料，泥巴和上麥梗子、馬、牛、騾子的大便，做成一塊塊的大餅，放進去悶燒，起不了火苗子，煙囪裡總有煙冒出來。你們不是讀過王維的「大漠孤煙直，長河落日圓」嗎？我看他說的大漠孤煙，就是炕火燒出來的煙。北方農村窮，過日子的要求不高，咱老家形容誰過得好，就說：「三十畝地一頭牛，老婆兒子熱炕頭。」你看這熱炕頭有多麼重要。

天津比杭州還要熱鬧，街上的人多極了，灰塵很大。我們在二姨家住了一天，二姨是母親唯一的妹妹，兩人一道去南昌女子師範學校讀書，又相偕去北京上北京女子師範大學。二姨一家一直住在天津，他們那所小洋房真的讓我開眼界啦！兩層樓，牆壁用暗紅色磚頭一塊一塊壘砌起來的，在客廳的一面牆上，裝了一個壁爐，可以在裡面劈劈啪啪的燒柴火，煙就從壁爐上頭的煙囪排出去。

二姨父穿西裝，燈心絨長褲，結著一隻領花，拿著鐵叉子戳壁爐的柴火，火就燒得更旺。爸爸同他聊天下大事，姨父不時會講幾句英文，他曾在美國留學，得了工程學位。從客廳的另一頭看他們兩個大人，爸爸矮胖、頭髮已半禿、眼鏡跨在鼻梁的尖端，衣服褲子都鬆垮垮的，一字一句的出口成章，手勢比得很大，然後縱聲大笑；姨父倚在壁爐的另一邊，一手插在褲兜兒裡，微笑點頭，也偶爾搖頭不同意爸爸的說法。

母親和二姨在另一間房裡談心，她們十年多沒見了，有太多的事情要說。姊妹倆長得一個樣兒，二姨比媽媽略小一號，從背後看幾乎分辨不出來誰是誰。我出出進進那間屋子，想偷聽她們說什麼。都說南昌話，聲音很低，不容易聽懂在講什麼。彷彿聽到母親在感嘆帶兩個小孩的辛苦，特別是這個小的，麻煩特別多。二姨點頭不止，說：「不過我看這個傢伙好聰明！」你看，二姨見到我還不到一天，就誇獎我起來了。

二姨有一兒一女，都比我們大。這位表姊可叫厲害呢！沒上學，專門在家裡練鋼琴，曾經多次在音樂會上鋼琴獨奏。拿出照片來給我們看，她穿漂亮的洋服，裙子的下襬拖到地上，在那兒專心的彈琴。晚餐後請表演一段吧！客廳中央就有一架大鋼琴，表姊大方的扶著鋼琴向我們一鞠躬，然後彈了幾支曲子。她的手指頭在鋼琴上來來去去的跑得飛快。我哪裡聽得懂，就跟著使勁的鼓掌，手都拍疼了。

我們到樓上表哥的房間去玩，比哥哥大幾個月，正在學小提琴，他抱怨每天練琴好辛苦。他房間裡的東西真多，玩具、書本，堆成兩座小山。這麼多玩具你都玩過，每本書都讀過？當然，都看膩了玩膩了。衣櫥裡有好幾套小西裝，我拿出來在身前比了比說，我也穿過西裝，演希特勒的時候穿的，你的西裝怎麼都是短褲？對，小男孩得穿這種，褲子要用吊帶掛在肩上才對，然後穿長筒襪子，襪子要能蓋到膝蓋。他拿出一張全家福照片來，可不是，表哥穿著全套西裝，短褲長襪子，下巴底下還打上一隻小領結，就是好看耶！大家在那兒一一試穿，就聽見二姨父在樓下大吼：「怎麼沒有聽見你練琴呀？」表哥答應了一聲，不情不願的拿出小提琴來，調了調音，開始有一搭沒一搭的拉著琴，聽起來比我們表姊剛才的表演差遠了。

表哥邊拉琴邊同我們聊天，根本不專心，一下子放下琴去找出本書來，翻開一頁開講。聽見樓下有吼聲：「怎麼又沒聲音啦？」表哥繼續練琴，還是不斷地和我們講話，後來他把小提琴放在床上，背過身去不看它，一面說話，一面手拉弓子在琴弦上拖，那聲音真的特別難聽。房門突然開了，二姨父衝了進來，怒氣沖沖揮手給他兒子一記耳光，表哥滾到地上。

天津還有一位重要的親戚，這次沒見到；他是母親的三哥，我們的三舅，在天津有名氣，人稱曹三爺。媽媽說三哥很年輕就去天津發展，為人重義氣，一諾千金，結交四方好友，在天津的事業很廣，西洋電影片的發行，也是他的業務之一；手上的一流電影院有好幾家，平安、光明、真善美電影院都是三舅開的。二姨說，你們要是想看電影的話就跟我說，一通電話的事。當然想看場電影！

第一次在電影院裡看電影，快開演了，院裡的電燈慢慢暗下來，是部默片，電影裡的人講話只見到嘴巴動，沒有聲音出來，但是他們的動作很大，滿好笑的。聽見後面傳過來鋼琴的聲音，最初還以為是表姊在電影院裡彈琴呢！聲音來自樓上，我摸著黑上樓，一間包廂裡面的琴聲陣陣，有位漂亮阿姨穿著洋裝，一邊看電影一邊彈著鋼琴，我傻傻的站在她身後不走。

看了一會兒，發覺她彈的音樂和電影有關係；電影裡面那個戴著高禮帽、留一撇小鬍子、拿著根拐棍、穿大破皮鞋、走路時兩條腿朝外歪的矮個子，被壞人追，彈琴阿姨也跟著

抗戰勝利二姨與鋼琴高手的表姐和不練小提琴的表哥。

緊張起來，她彈出來的音樂又快又響，矮個子往前跑，回頭看了一下後面有沒有人追過來，不小心就撞到電線桿上；阿姨就在那時候很重的敲著鋼琴：簀噹！矮個子四腳朝天，然後又爬起來跑，音樂隨著加快。我一直站在那兒看她彈琴，電影演完了，她又很自在的彈了首曲子，站起來回頭看見有個小男孩在傻呆呆望著她，她對我淺淺一笑。

車子快開到西總布衚衕三十八號，那是爸爸在北平租的房子，看見一個戴著眼鏡瘦瘦的女孩，站在門口張望，然後又急急的跑進門去。她是四姊，靦靦腆腆的說話會臉紅，剛考上一間著名的女子中學。三姊也在屋裡，胖胖的一臉笑容，見了我們就大聲的招呼：爸爸、媽、弟弟！她大方、熱情，就要上大學了。她們先住下來看房子。

西總布衚衕位於北平東區，那是最好的地段，沒聽說過嗎？「東貴西富、南貧北賤」，傳統上就是這麼評價北京的四個城區。走到衚衕的盡頭對街就是協和醫院，著名的外交部街也在不遠，最棒的是那間有名的大華電影院，衚衕口一轉彎就到。二姨說過：「小方他們那麼喜歡看電影，就請三哥給你們寄招待券過去，北平的電影院一樣可以用。」那一陣子我們在大華電影院看了好多部電影，三姊最愛看好萊塢的片子，美人魚伊瑟•威廉斯（Esther Williams）是她的偶像。

後記

宦伯伯名宦鄉，是父親在《前線日報》工作時的年輕同事，二人結為好友。爸爸經常提起他來，說那時宦伯伯在《前線日報》很紅，口才便給，思路銳敏，下筆有如神助。某次他做時事報告，念錯了一個字：「斡旋」誤讀成「幹旋」，事後父親私下糾正了他的口誤。宦伯伯覺得非常丟臉，尊這位「正音專家」王兄作他的「一字師」。這件事多年後曾有人寫了出來，刊登在香港出版的某期《新聞天地》雜誌上。

宦伯伯出任中華人民共和國的首任駐英國代辦，一九四九年中國大陸第一位駐歐洲的外交官，後來是首任中國駐歐盟大使。一九七八年，他率領中國社會科學院代表團訪問美國，我在舊金山參加了歡迎他們的晚宴，上前向宦伯伯作自我介紹；他非常記得抗戰時期與父親共事的那一段日子，哈哈大笑還特別提起他念白字的糗事，遞給我一張名片，去北京一定要同他聯繫。

一九七九年我從美國赴北京拍紀錄片，拜託接待單位幫忙找親戚，數個星期後一無所獲。想起宦伯伯來，打電話過去，他說馬上來看我。下雨天，宦伯伯打著傘搭公交車來到我的旅社，怎麼沒坐自己的轎車？星期天司機得休息。了解情況之後的第三天後，宦伯伯來電話：你三叔在天津。我去天津找到了叔叔和姊姊他們。

宦伯伯那位與我年齡相近的兒子，後來赴美國留學，出人頭地，是美國史丹福大學著名的政經學教授。我一直認定，他就是不讓我騎他小三輪車的男孩。

17 銅尺打手心，熱辣辣的疼

四姊性個內向，不太說話，下學之後多半就在房間裡念書。爸爸說她念書從來不用大人操心，能考上好學校，就是見了人黏兒巴基的不開朗，站在那兒傻笑。其實四姊後來跟我的話還滿多的，大概是因為我是個渾渾噩噩沒心沒肺的混小子。她偷偷告訴我；爸爸是個偏心鬼，最喜歡三姊，不太喜歡她。真的嗎？小時候在老家，三姊把盛水的大水缸砸破了，一家人都沒水用，幹了件很嚴重的壞事。爸爸還誇獎她：「你看這麼小的孩子，打破這麼大的缸，小三兒能幹，司馬光打破缸嘛！」有一回我把一隻洋娃娃的腿扭斷了，爸爸罵我：「這麼不愛惜東西，要是有人把你的腿也扭斷了，你覺得合適嗎？」為什麼爸爸那麼喜歡她？因為三姊嘴巴甜呀！

三姊的確是能說會道的，每次爸爸講個笑話，總是她第一個笑起來，笑聲和動作跟爸爸好像，她自己的笑話也說的很有趣。三姊做家事最勤快，生火洗菜做飯洗碗擦桌子，幹起來才叫俐落呢！飯後的盤子碗，她一定立刻洗乾淨，為這事我還跟她著急了一回。因為我們講好了，吃完晚飯去看正在大華戲院放映的蘇聯影片《寶石花》，非常叫座的電影，遲到了會沒位子。三姊還在那兒很仔細的慢慢洗碗，我急得衝進衝出催她快點，走到電影院還要段時間呢！她不斷安慰我不會遲到的，但是我耐不住性子，又跳又吵的差點哭出來。她說吃完了飯的盤子碗一定要洗得乾乾淨淨，上頭還有油媽媽會不高興。我們小跑著過去，倒是趕上了開場，沒位子就坐在走道上看。反正三舅送的招待券多的是，有天下午，我逃學早回家，偷偷的再看了一場。

我們兄弟二人在北平上哪間學校呢？爸爸拍胸脯保證，北平的教育界他太熟了，找個好學堂，離家近點兒的，兩個人結伴兒上下學，不用接送，多省事。白廟小學就在不遠，有天父親帶我們去了那所小學的校長室，校長對爸爸很恭敬，上茶遞香菸的談了好一會兒，都和我們上學的事沒關係。後來才提到我們插班的事，可以，要上幾年級？哥哥六年級，小的四年級吧！校長說能不能先做個簡單的考試，瞭解一下二位公子的程度？爸爸答應的爽快：「沒問題，他們都還行。」

我坐在那裡一直冒汗，這幾個算數題目怎麼那麼彆扭，只好隨便做做繳卷了事。出了校長室，爸爸走在前面，繃著臉不說話，走出校門拐了個彎，他轉過身停下來，衝著我大聲說：「你連九九乘法表都忘光了嗎？讓我在校長面前丟人丟盡啦！」「沒有哇！我都會。」爸爸出了幾道題；七乘八、九乘七……，我立刻答對。那麼十三乘五呢？傻眼，完全沒譜。兩位數乘法也不會？上饒中正小學的朱老師沒教過呀！你們在杭州九個月每天都在幹啥，沒做算術嗎？沒有耶！媽媽帶著我們看小小說，和張阿姨常唱〈秋水伊人〉。哥哥考得很好，可以上白廟小學六年級，可是人家不收我，硬要去的話我得從三年級開始讀，那就太洩氣了，這事麻煩。

大姊經常騎著腳踏車過來看我們。那時候她有二十多歲了，挺能拿主意，大家都聽她的，要不然怎麼會是大姊呢！師範學校畢業，當小學音樂老師好幾年了。大姊同我們說她的故事：抗戰的時候，爸爸和他們斷了聯繫，一家子七口人，五姊妹、母親、奶奶（爸爸的繼母），日日生活沒著落，大姊還在師範學校念書，就想法子掙些錢來支持家用。當學生要忙著念書怎麼賺錢呀？在師範學校住校，替同學作點服務；洗衣服、跑個腿什麼的，都能掙一點錢。

大姊挺寵我的，一塊出門的時候她總會把我放在腳踏車坐騎上推著我走。她告訴我從前別的妹妹還沒生下來，爸爸最喜歡她，爸爸一直對她挺好，直到那個會說話的小三兒來報到，爸爸就最疼小三兒了。爸爸最喜歡大姊的哪一點呢？因為她會學爸爸撐起一條腿來放響屁，爸聽見了就會誇獎幾句：「強將手下無弱兵」、「將門虎女」。爸爸常說老家的那句話，人生三大舒服事兒：「穿舊鞋、放響屁、坐牛車到老丈人家去。」直到有一次，大姊又提起腿來作金雞獨立狀，鼓足了氣放它一個，不慎把顆小屎橛子噴了出來，才覺得女孩子家再玩這個，實在不甚相宜。

大姊知道我在白廟小學出了洋相，兄弟倆都還沒學校上，就很熱心的四處張羅我們上學

1960年在上海攝五美圖：大姐（左前一）、三姐（左前二）、五姐（後左一）、四姐（後中）、二姐。

的事。有一天她過來很興奮的說：「都安排好啦！就上我教書的那所學校：東觀音寺小學，不算太遠，走去不到半個鐘頭。大弟成績好，上六年級絕對沒問題，小方就上四年級乙班，不用考試，乙班的級任導師同意就行。那位老師為什麼會同意收小方呢？嗨！她是我最要好的朋友，沒說的！」兩天之後，我就坐在東觀音寺小學四年乙班的課堂上了。

我們的級任老師，大姊最要好的朋友姓陳，長方臉，臉色煞白煞白的，從來就沒笑過，表情非常嚴厲，罵起學生來聲音尖銳，名字已經記不起來了，只記得她的外號：陳豆腐；忘了是那個同學叫開來的，她那張臉可不就像塊豆腐嘛！

我在學期中間插班進去，三年級根本沒讀過，現在要應付四年級的課程，北平的教育水準應當是全國最高的，可以想見那時我在班上的處境有多艱苦，成績勉強夠上個中下，還不至於不及格，排名在三十多名上下，全班有四十多學生。陳豆腐雖然是大姊最要好的朋友，她在班上並沒有特別注意我，我問過一兩次問題，每次都被她說：「連這個也不懂？」以後哪兒敢再問。偷偷向大姊抱怨了兩次，大姊說：「其實陳老師挺照顧你的呀！這可不能在同學面前露出來的，你不就是陳老師保你，才上了東觀音寺小學四年級的嗎？」

班上同學對我也不友善，一開始就嘲笑我的南方口音，聽他們在那兒亂開玩笑，有時候我也湊趣的說上兩句，有同學板起臉來教訓：「新生、插班生，不學好，你一邊涼快去吧！」母親還繼續給我們擦從杭州帶來的「甘露」藥水，我的腦瓜子上面經常出現褐色的廢頭皮，同學就給我起了個外號：「屎軋巴兒」。北京話裡的「軋巴」，是指乾掉的東西起了一層皮，也就是說我的頭上長著乾屎皮！

母親經常檢查功課，考試成績不好免不了被修理一頓：「考試粗心，題目都沒看懂就去寫，上課不用心聽講是不是？不要再賴什麼九個月在杭州沒上學了，上饒中正小學是好學校，你哥也在杭州耽擱了九個月，怎麼他現在念六年級的成績那麼好？」有時候我真的滿痛恨我哥的。

陳豆腐最凶的一招是拿那條銅尺打手心。通常是先發回考卷來，面帶譏諷的衝著幾名考試不及格的同學看著，那幾個倒楣鬼，就自動站到前面去，伸出手打開掌心等著。陳豆腐不說話，挨著順序一個個在手心狠狠的打了一尺子，情節嚴重的打三下。經過銅尺教訓的都說，疼得厲害，那種疼真說不上來。我每次考試都勉強及格，所以還沒挨過打。

不光是考試不及格要打，陳豆腐最討厭上課講話的同學，給逮到了也要上去挨一下子。有一次我和隔壁同學西班牙（他門牙之間的空隙很大，稀板牙）沒注意，低聲說話還笑出聲來，陳豆腐突然轉身瞪著我們兩個；白覺的起身站到黑板下，各自打開手心來。那是我第一次挨打，閉上眼睛緊張極了；它究竟會怎麼個疼法？感覺到手掌被拉住，她提起銅尺來朝下一擊，擊中之後還往上抽回去，一陣麻辣辣的劇痛順著胳臂望上走。回到座位後，整個手掌不但疼還在發燙，下學回家手掌腫了起來，然後一抽一抽的痛，三天後腫才慢慢消去。

西班牙認為陳豆腐會武功，銅尺打下的那一剎那，她發了內功，所以我們手掌的肉皮裡面，就像燒起來一樣的會疼好幾天。西班牙說陳豆腐最喜歡女生，你看我們班女生經常上課講話，她頂多是罵兩句，打過了誰？專門找講話的男生使勁打。對喲！你說陳豆腐跟你大姊是最好的朋友，她怎麼不跟男老師做好朋友呢？每天要面對陳豆腐，我很不開心。

媽媽在那段時期也不開心，對我們哥兒倆的責罵次數多，一旦她板起臉來進行冷戰，全家就陷入低氣壓，誰也不敢大聲說話，爸爸回到家來就嗨聲嘆氣的，借題發揮唱京戲，唱詞多半是有意思的：「你你你你——且莫胡言——錯怪了我好人哪啊！」「怒氣不息公案闖，手提羊毫寫兩行。」每次冷戰至少延續三天，一家數口屏聲靜氣的小心過日子，不敢在屋子裡歡蹦亂跳、胡說八道。

是不是因為三姊四姊住在我們這兒，就惹得媽媽不愉快，應該不會呀！她們都挺好的，比我有禮貌多了，三姊每天做好多家事。我是個貪玩的孩子，對這種事沒大感覺，特別麻木。

三姊四姊住在西總部衚衕不到半年，說這兒離她們的學校遠，上下學太花費時間，要搬回原來東大市那邊去了。她們搬走的那天四姊把她的一雙溜冰鞋送給了我，說最近她的腳丫子長得好快，這雙冰鞋穿起來太緊，擠得腳趾頭都紅了，你多穿幾層襪子就能穿它去學溜冰了，下回你得溜給我看看，可不能上去就摔得跟狗吃屎似的。

18 逃學的下場

從家裡走到東觀音寺小學，邊玩邊走大概要二十分鐘，一路上有好多賣冰糖葫蘆、切糕、驢打滾兒、糖炒栗子的小販。可是家裡管得嚴，路邊的東西絕對不能吃，吃了一定拉肚子，要是得了痢疾，就會像我們在南城一樣，拉稀拉到眼睛都看不見。我們身上不許有錢，就只能在小攤子邊上看同學大口的吃零食。在記錄上都沒吃過，但也有例外。

父親抽國產「紅士牌」香菸，包裝是個美國印地安戰士像，頭戴彩色羽毛，每包菸裡頭附有一張抗戰紀念卡，有：盧溝曉月、台兒莊大捷、日放毒氣、四行英雄、遠征緬甸……開羅會議等等，正面有彩色圖畫，後面是文字解說，攢全了一百零八張紀念卡，就可以換到個大獎，當然我們攢了許久，總也集不全。每天挺孝順的要求替父親去衚衕口買包菸，爸爸的事情多，有時候會忘了要找回來的錢，就這麼點小收入，積少成多，所以我也曾偷偷的嘗過冰糖葫蘆、切糕、愛窩窩，這是個祕密，不能讓媽媽知道。

冬天上下學可真是件辛苦事兒。大清早出門最難受，颳起西北風來，穿多少層也沒用，風像刀子似的鑽進衣服裡來。路上結著冰，經常一個不注意就摔個大屁股蹲兒！在上學的那條路上，小孩子會把路邊的冰，清出一條光滑平直的通道來，有十來尺長，玩的遊戲是；先起跑幾步，然後在那條冰道上雙腳滑行，再慢慢低下身子，雙腿伸直的溜著，滑到盡頭坐下來，玩的漂亮得有點腿力。這個名堂叫「老太太鑽被窩」。有時候腿勁不夠，最後坐下來的時候會翻倒在冰地上，身後的小朋友便笑作一團，這時候你得會說：「老太太鑽被窩，回頭看孫子！」

某個冬天早晨，北風淒厲，哥哥已經準備好了去上學，叫我兩次：「再不去就遲到啦！」我還賴在暖被窩裡不起來，含混回答：「我等回兒自個兒去。」昨天的數學還沒做完，今天要發回國文考卷，陳豆腐陰沉沉的表情好難看，還是不想起來。穿好衣服出來刷牙，已經很晚了，家裡一個人也沒有。現在趕去上學一定遲到。陳豆腐訂的規矩，遲到的要在教室外面罰站，教室內牆角邊有個小煤球爐子，門口掛了一條比棉被還厚的門簾子，教室裡面不冷，在門外頭站個幾分鐘可就會凍成冰棍兒，今天乾脆不去算了。

一個人在屋子裡晃悠真無聊，要是大人回來了怎麼說呢？生病了，可是我沒有發燒感冒的；就說肚子疼，反正看不出來。天花板上有一個洞，昨天有工人上去看漏水的地方，過兩天再來，梯子沒撤走。我登梯子上了天花板，一片漆黑，過了一會兒能看見一點四周的東西，還是挺黑的，靜悄悄的靠在那兒，沒多大工夫就睡著了。

聽見下面有人走來走，大姊和媽媽在說話：小方沒去上學。他早上不是同哥哥一道上學去了嗎？我去六年級教室問過大弟，他說今天他一個人來的。小方能到哪兒去了呢？去街坊四鄰找找看，說不定這孩子貪玩，忘了時間還在人家家裡玩兒呢！真的找不到就得馬上報警，要不要告訴爸爸？咱們先到各處去找找再說。我嚇的不敢出聲，躲在天花板上動也沒動一下。

一下子屋裡一點聲音也沒有，她們大概都出去找人了。我摸摸索索的從天花板上下來，頭很昏，屋子裡的亮光照得我睜不開眼睛，就躺到自己的床上蓋上被子睡覺，真的很睏。朦朧間，又有人聲嘈雜，四合院兒的大媽們都來了，七嘴八舌的說非得報警不成，要大姊快點騎車到附近的郵局打電話，順便也搖個電話給爸爸。大姊忙忙亂亂的走出走進的，一轉頭看見我躺在床上，她大叫：「小方就在這兒躺著呢！」一場大混亂。

母親當時沒有罵我，摸了摸我的額頭；怎麼臉色這麼蒼白，睡一下子吧！事後問清楚了真相，少不得將我痛加訓斥了一頓，反過來問我：「你自己說嘛！逃學的孩子該怎麼處罰？」哥哥提議：罰睡廁所三個晚上。爸爸給我上了一課：不論大人小孩，都要負責任，答應的事一定得做到。每天去上學就是做學生的責任，哪兒能夠愛去不去的呢？負責任的習慣從小就得學好，等長大了還是做事不負責任的話，那就成了個人見人厭徹頭徹尾的廢物！學校那邊有大姊處理，她替我繳了張病假單了，陳豆腐本是她的好朋友。

這件事最大的震撼發生在三天之後。自從工人上天花板修了漏，母親總認為上面老有灰塵掉下來，非得清掃一下不可。她登梯子上了天花板打掃，沒有幾分鐘就聽見母親在上面尖聲慘叫，然後見到她搖搖晃晃的下了梯子，一手拎著一個物件，扭過頭不去看它，嘴中發出吱吱嘶嘶厭惡嫌棄之極的聲音、彎著腰、掂起腳尖、踏著京戲演員的小碎步，快速衝向垃圾桶子；母親拎著一條大老鼠的尾巴，死耗子大概已經過去多日，身上有無數的蛆，正蠕蠕而動。母親在浴室洗手洗了半個鐘頭，出來後仍然神色未定，她怒氣不息的對我說：「你逃學吧！到上面跟死耗子睡覺去，噁心死人了。真是見鬼，為什麼老是輪到我來碰這種骯髒東西，你爸爸回家就當老爺，什麼事都不做。」

母親又想起福建厤沙的鼠疫來，她說：「很多死耗子都帶著鼠疫病菌，小方你在上面睡了多久，是靠哪一頭睡著的？」我不記得了，其實是不願意再去想它。「叫爸爸帶你去醫院檢查吧！你要是得了鼠疫再傳染給我們，那還得了！」哥哥說：「東源哥的一家人，都是得鼠疫死掉的。」火上加油。

那個年月去醫院檢查要透過很多重關係，父親在河北省政府社會處工作，經常忙著去災區，回家的時間少，他說，沒病沒痛的檢查什麼呢？鬼子兵被咱們打敗了，不會有人到處撒鼠疫病菌，不要緊沒事的。

想起那隻死耗子，我心裡就直打哆嗦，以後再也沒逃過學。

19 左鄰右舍

當年住在我們同一間院子北屋的是高家，一對年輕夫婦帶著一個四、五歲大的女兒。他們說話有濃重的口音，父親說他們說的是河北土話。高先生不用上班，偶爾出門溜達一下就回來。夏日晚飯後，父親喜歡坐在院子裡乘涼，高先生就過來聊天，高太太招呼我們喝茶嗑瓜子兒。高先生操著鄉音，總是講他在老家的事兒。他曾經當過老家縣城的保安隊隊長，抓過不少八路軍，那可是玩命的買賣。最後八路軍圍城了，高先生是共產黨的死敵，城要是破了被他們逮到，一家人都活不了。所以就趕快安排妻小先來北平，最後自己化裝逃離縣城。

「共產黨為什麼跟你過不去？」我站在旁邊聽得入迷，老是有問題。

「我挑過他們的人嘛！」他說的很來勁，還比劃著：「圍城的時候，我們在城頭上綁起被俘虜的八路，朝著城下的八路喊：這些人都還給你們。就用刺刀一個一個挑起來扔到城下去。」

高先生的弟弟也從老家搬來，兄弟長得挺像。高老弟也不用上班，每天在家睡覺，睡醒了就蹲在院子中央發呆，蹲了一陣子又回去睡。她嫂子問他：「你剛睡醒了怎麼又睡呀？」

「你看我這不是直打呵欠嗎！」

高家小妹妹喜歡用手比作手槍，再繞上一根橡皮筋，嘴裡念著：「我蹦你！」有時候真的將橡皮筋彈出，打到我臉上。我已經是小學生了，還被五歲小女孩嚇唬，丟人。以後我看她剛說要蹦我，就大吼：「你蹦誰呀？」高小妹挺機靈，她說：「我蹦我自個兒，還蹦小三兒。」

小三兒是左邊院子南屋郝家的三小子，活潑聰明，一把嘴總沒閒著。父親贈他兒歌一首：「小三兒小三兒吃蘿蔔乾兒，拉紅屎冒紅煙兒。」

小三兒和高小妹差不多大，還沒上學，可是他比高妹妹學問大多了。他的兩個哥哥和我們家兩兄弟同年。小三兒每天聽哥哥們讀書，聽個幾遍就能記住，每天大聲一篇篇的背高年級的課文，嚇死人的。郝太太一臉疲憊，懷中總抱著個嬰兒，鬧不清她生到第幾胎了。和街坊見面打招呼，她就說同樣的一句：「為兒女作牛馬呀！」

郝家的兩個大小子和我們玩不到一起去。哥哥認為他們太粗魯，學問差。光說他們的名字就夠瞧的了；大的叫郝一虎，老二是郝次虎。郝家有錢，小孩穿得體面，也就比較跩。最初我和次虎玩過幾次，這人沒意思。賴皮，又愛惡作劇，贏了就得意，輸了又不肯罷手。

郝家對面的北屋，有個男孩比我大一歲，叫小鎖兒，北京人喜歡給家中的獨子起這個名字，有如一把鎖，能牢靠的健康長大成人、傳宗接代。小鎖兒高我半個頭，個性老實隨和，跟誰都能玩在一起，講話絮絮叨叨，聲音很低。個兒頭雖然高，彎腰駝背看來挺虛弱，膽子小。他最喜歡跑到我們家來玩兒，拿出新得到的紅士牌香菸抗日紀念卡片來顯一顯，比比看誰蒐集的多，再拿出重複的卡片同你做交換；這小子很會做買賣。他肚子裡的消息最多，不知道是從哪兒聽來的，一說起來天南地北、東家長李家短的沒完。語言最道地，是純粹的北京話。小鎖兒的爸爸戴深度近視眼鏡，說話也慢條斯理的，父子倆像一個模子裡鑄出來的。他媽媽是協和醫院護士長，掙很多錢，說話的氣勢和音量都挺嚇人的。每個月到時候，就有人送來兩大袋洋白麵粉。在那個年月，家裡能有美國洋麵粉吃，可是件了不起的事。

他們家的陶媽，農村來的老嬤嬤，牙全掉光了，嘴巴癟癟的，有點朝一邊斜，小鎖兒管她叫歪歪桃兒。歪歪桃兒蒸的洋白麵饅頭是街坊四鄰的金字招牌，我們就等著她的新蒸饅頭出籠，歪歪桃兒掀開熱氣騰騰的蒸籠蓋子，大叫一聲：「新鮮饅頭出屜嘍！」站在一旁的小孩每人分到一隻燙手的熱饅頭；香、甜（沒放糖）、燙、嚼一口還彈回去。一直到今天，我再也沒有吃過像歪歪桃兒蒸的那種美味麵點。

每次到了快吃晚飯的時分，就聽見他們家那邊遠遠的傳來他母親的強勁叫聲：「小鎖兒呀！」小鎖兒立刻答應，扭頭就回家去了。

那陣子看《水滸傳》、《七俠五義》入了迷，每天在院子裡拿起樹枝棍棒舞弄，嘴中還念念有詞。郝次虎走過看見，臉上露出不屑的表情。然後從他家裡出來，腰上掛著一把玩具手槍，學美國牛仔的架勢，一下子拔出槍來衝著我瞄準，遠遠的開了一槍，還在槍口吹口氣，再插槍入袋。裝模作樣耀武揚威的臭德性，真的很討厭。

於是我回家寫下戰書：「某日放學後在衚衕口那棵大樹下決鬥，下書人：雙鞭霹靂火王XX是也。」因為我找到兩根長短粗細差不多的樹枝，耍起來很順手，可以比美呼延灼了。趁天色昏暗，將戰書塞進郝家的門縫。然後我心裡就開始嘀咕不已，郝次虎的塊頭和我差不多，單個兒比劃才不怕他哩！就怕他不講江湖道義，把郝一虎也叫了去，我可能會被揍得很慘。我們家老哥外號大頭，只會念書，打架的事根本不用提了。小鎖兒連走路都彎腰駝背的，恐怕也幫不上忙。但我還是把這事偷偷告訴了他，只要求他陪我一塊去。小鎖兒聽完了歪著頭壓低嗓門，用純正的京片子說：「打架？那多不合適呀！」

郝次虎用彈弓射了一個紙團到我家走廊上，我們家的羅媽正在那兒搧煤球爐子，她撿起腳旁的紙團，以湖北話大聲地念著：「王XX，用軸（竹）竿打還是用彈弓打。大盜傑西郝次虎。」你看這郝次虎多沒學問，「大盜傑西」是最近衚衕口大華電影院上映的美國西部片，他就現學現賣。我的外號結合了霹靂火秦明、雙鞭呼延灼兩大天罡星之長，擺出來就顯得武功不凡。只要羅媽講話，兩間院子的人都聽得見，兩家家長知道此事為之震驚，大樹下決鬥沒有發生，我還被父母狠狠的修理了一頓。

從我記事開始，羅媽就在我們家中打理事務，主要是負責一家人的吃喝。母親是現代女性，不肯下廚房。羅媽的廚藝普通，我們經常抱怨菜不好吃。母親煩不過，要我們每天晚上自己點菜，口說無憑先寫出菜單來。羅媽認字，但是要她寫字可有點難。就由我執筆，因為我寫的字難看，要多練著點兒。老哥最挑嘴，每回都是他問羅媽：「菜場都有什麼菜呀？」「還不就是那幾樣，」羅媽說：「大薄（白）菜、豆腐、胡蘿蔔、薄（白）蘿蔔、黃豆芽、樓（綠）豆芽……咯咯咯咯！」報個菜名也那麼好笑嗎？

羅媽有次在屋簷下搧爐子，用力太猛，火星子竄得老高。北方住宅的窗戶用半透明的紙糊起來，能擋風，過濾的日光柔和溫暖，透進屋子來，在冬天特別有味道。那窗戶紙日久變得乾燥，沾上火星子，再加上風吹，一下子就起了火苗，一扇窗子立刻燒著了。羅媽嚇得尖叫，兩間院子的小孩和閒雜人等都聚過來看熱鬧。火勢蔓延得快，頃刻間兩扇窗子都冒起火苗來。

但見一個身影飛奔而出，用兩隻手一陣猛抓狂撕，一溜窗戶紙統統都被撕扯了個乾淨。火勢無法蔓延，只在一扇窗戶上慢慢的燒。有人即時拎來一桶水，澆熄了剩餘的火焰。抓扯窗戶紙，防止火勢擴大的英雄正是我媽。真沒想到，她一向體弱多病，怎麼突然如此神勇？

小鎖兒一直站在我身後，在我耳邊低聲說：「剛才著火的時候，我的雞巴一直發痠。」多少年來就沒弄懂，那地方怎麼會發痠？後來去了美國，在迪士尼樂園頭一次坐雲霄飛車，體驗了自由落體時的刺激，哇嗚，就是那地方發痠的厲害咧！

此後有任何親友來訪，我們家的談話都離不開火燒窗戶事件。總結時母親就嗅著雙手說：「到現在聞起來還有糊巴子味兒！」

20 看病、休學、香草冰淇淋

我們家經常缺課的不是我，是王府的模範學生，我老哥。自從我們來到北平，他就經常咳嗽，傷風感冒更是家常便飯，有時候也傳染給我，鬧得我喉嚨癢癢的，就跟媽媽說我也不舒服，哥兒倆一塊請假在家養病。可是在家裡呆著沒事，又不是真的生病，更加不好玩，所以裝病不上學的事兒，後來我也很少幹了。

我們有病就去看梁大夫，一位廣東老頭兒，給的感冒藥是裝在小紙包裡酸酸澀澀的白色藥粉，飯後吃一包，加一瓶褐色的藥水每次喝一小格，藥水有甘草味，倒不難喝；通常一個星期後感冒就好了。媽媽最服梁老頭，說他是結合中西的名醫，天下少有。梁大夫住在一棟漂亮的三層洋樓裡，那棟樓比天津二姨家的小樓大好幾倍；他家的人丁興旺，有大太太、二姨太和第三位夫人，名叫細嬸。每位夫人有自己的孩子，男女傭人跑上跑下的少算也有五、六個。

我們平時定期去梁老頭那兒治砂眼，很痛苦。那時候多數小孩都得砂眼，砂眼是怎麼一回事，怎麼才能治好，誰也說不清楚。梁老頭有一招，把眼皮翻開，用棉花棒子沾點藥水，在患處一下一下的刮，要經常去刮它，砂眼就會好。母親相信梁大夫的這一套，於是我們哥兒倆就得定期乖乖的去梁家診所，接受刮砂眼酷刑。刮起來怎麼會不疼？有時候梁老頭眼神不好，或是下手重了點，我們就如同殺豬般的嚎叫起來！然後央求著：「好了好了，完了完了！」梁老頭的手並不停下來，繼續用力刮我們的內眼皮，他還用廣東腔說：「好也好也，完嘬完嘬！」

梁二姨太跟媽媽最談得來，她有兩個大兒子，都上大學了，有機會就說她兩個兒子多麼有出息，不斷的問母親有關教育的事，當然囉！媽媽辦學校出了名的，爸爸又在北平教育界的人脈非常熟。

母親說爸爸有一肚子的饞蟲，所以他最喜歡去梁大夫家，因為那兒能吃到梁家菜。當年在北平最有名最道地的廣東私房菜有兩處：譚家菜和梁家菜。梁家有一間超大的廚房，經常作外燴生意，梁二姨太是大廚房的指揮官，監製精緻的廣東菜，做好一桌桌的酒席用專車送走。梁老頭能喝幾杯，研發出新菜來就邀三朋四友去他家品嘗，每次爸爸就和梁大夫划拳、敬酒、罰酒、大口吃好菜、喝湯的時候聲音特別響、面紅耳赤，南腔北調的高談闊論，感嘆國事已不可為。爸爸在梁家吃到一頓美食，回來就會開心好幾天的。

哥哥一直是班上的好學生，代表東觀音寺小學出去參加演講比賽，得了個什麼獎盃回來，挺出風頭。不過有一次他上台演講，那個江西口音露餡兒了，把老百姓說成「老博信」，伶牙俐齒的北京小孩兒可叫壞哪！哪裡會放過他，以後見了他的面就喊著：「喲，老博信來啦！」「老博信」經常傷風，一來就流鼻涕發燒咳嗽的鬧得挺厲害，而且拖得很久，常常要請病假，影響學業。母親對他的頻頻感冒十分憂心，慎重的向梁大夫請教。梁老頭仔細檢查了哥哥好幾遍，得到結論：

「這個細們仔（小孩）的扁桃腺特別大，不信你們來睇睇（看看）。」

梁大夫叫哥哥張開大嘴，一條扁平木片壓住他的舌頭，打開小手電筒照進去，我也湊在旁邊瞄了一眼，喔！喉嚨底有兩片半圓形的肉片子突出來，確實不小。「扁桃腺過大就容易被感冒細菌傳染，然後紅腫發炎，所以妳的大仔就經常感冒囉！聽過白喉麼？得了白喉症扁桃腺上面長滿白顏色的點子，腫得好大好硬，兩邊碰到一起就封喉了，喘不過氣來沒得救。」

那怎麼辦哪？梁老頭建議：「扁桃腺和盲腸一樣，是人體裡面最沒有用的東西，開刀把它拿掉就好了，小手術，我認識一位好好的醫生，可以馬上安排。」幾天後，哥哥進了手術室。

到醫院去探望手術後的老哥，他面色蒼白，斜躺在病床上，講話的聲音沙啞。醫院的床很特別，可以搖一個把手，躺在床上的人能半躺半靠著，或者整個的坐直了，大人不在病房裡，我就把床搖得上上下下的。手術是全身麻醉，那是怎麼一回事？「護士拿了塊紗布蒙在嘴巴鼻子上，要我從一開始數下去，還沒數到三十就什麼也不知道了，然後醒過來就躺在這兒，現在喉嚨痛痛的。」

媽媽東問西問：「開刀的時候沒有感覺吧！晚上自己能上廁所？實在憋不住就尿在床上

也不要緊。」「怎麼會，我又不是小方！」老哥對我的尿床從來就極不尊敬。想吃什麼我替你去張羅來，哥哥趁機會說了一大串我們平時想吃，卻永遠沒吃到的北京著名零食，母親面有難色。哦！得先問問醫生你可以吃什麼吧！糟糕！醫生說傷口痊癒需要一段時間，這幾天絕對不能吃硬的東西，喝牛奶、吃冰淇淋可以。

冰淇淋，這東西只在美國電影裡見過，北平市哪裡有賣的？在六國飯店吃西餐，飯後會送上一小碟子冰淇淋來，得聽著西洋音樂，用小勺子慢慢吃，吃得太快它兩三口就沒了，東西少就會特好吃。也都是聽同學亂掰的，我們從來沒吃過。

梁大夫家那麼洋派，怎麼會沒有冰淇淋呢？梁二姨太熱心的吩咐廚房搖一桶香草味兒的冰淇淋來。冰淇淋是搖出來的，我站在一旁觀察整個兒的製造過程：一隻大桶裡面放了許多大小冰塊，中間放進一隻小圓筒子，裡面就是冰淇淋的原料，大桶外有個把手，要不斷的搖著，那些冰塊就圍在小筒子外面轉，冰塊化了再往裡頭加冰。搖冰淇淋的時間長，中間換了兩三個人，他們看我老站在一旁不走，有人說：「咱們王二少也來搖兩下子？」我用兩隻手使出吃奶的力氣去搖，只能搖個半圈，這是大男人的活計。梁二姨太過來打開小筒子看了看，說再搖二十分鐘就得了。

哥哥捧著一碗黃澄澄的香草冰淇淋，雙眼閃爍著喜悅的神色，一勺一勺的大口吞嚥。眼見著他就吃完了一碗，接著再盛第二碗。我在一旁頻頻乾嚥吐沫良久，終於忍不住了，提出要求：我也來一小碗吧！母親用不以為然的眼色看著我，你開刀了嗎？病人只能吃這個，不要在這兒做無理要求。眼睜睜的看著，頃刻間只見病人把好幾碗香草冰淇淋都消耗殆盡。

割了扁桃腺老哥反而更容易感冒，醫生說那是身體需要一段時間適應，平常注意出門多穿點衣服就好。很夠注意了，天冷的時候母親強迫我們一層層的穿上，裹得跟粽子似的，到了暖和屋子裡，又迫不及待的脫衣服，一冷一熱的就會傷風。我特別痛恨穿套頭毛衣，那時候的毛衣都是家庭主婦空閒時一針針的織出來的，大小與設計都不講究，人家為我們織毛衣自然感激不盡。那些毛衣的領口都織得很緊很小，說一定要這樣才能保暖，但是穿脫不方便，經常窄領口就卡在頭部某處或脖子中央，需要有人幫忙使勁的拉，方能脫離暗無天日的困境。

某次我們都得了重感冒，在家裡養病好幾天，我後來好了才不情不願的去東觀音寺兒上課，面對陳豆腐。可是哥哥的感冒一直不好，咳嗽個不停，偶爾又會發燒，勉強去一趟學校，回來病得更厲害些。多次檢查，最後幾個醫生都有相同的結論；老哥的病名「肺弱」，呼吸器官比一般人容易受感染，沒得治，只有在家長期休養，身體才會慢慢建立起抵抗力來。照目前的情況來看，這小孩應當在家休養一段時期，不要去上學了。

有人就是比我命好，老哥不用去東觀音寺上學，每天在家寫點大楷，吃營養食品。我還是得早起走那一段寒風凜冽的路，大風颳過來，用圍巾把臉整個蒙著，否則會吃上一嘴的灰塵。唯一好玩的是在路上遇到同學，在路邊玩「老太太鑽被窩」，後來練得技術挺不錯的，誰也不敢嘲笑我了。

21 到櫃上去

去「櫃上」是我們喜歡的節目，北方話的商店店面叫櫃上。三叔在前門外東大市經營「永信成」皮貨莊，進了正門大廳裡就有一條深色高起來足有六七尺的大木櫃檯，店員坐在櫃檯後面，居高臨下的與顧客說話，小孩站在櫃子之下，必須仰起頭來朝上看，就像大當鋪的安排。這種大木櫃子有鎮店的意思在，北方話稱商店老闆為「掌櫃的」。

永信成皮貨莊是爺爺在滿清末年創立的，當時河北山東連年鬧災荒、嚴重歉收，莊稼人守著幾十畝租來的耕地，交不出田租、一家人吃不飽肚子，走投無路。年輕力壯的爺爺，最富冒險精神，連年單身「闖關東」，運些皮貨回來，為王家奠下了家業。早年滿清王朝不開放東北三省，去關東得用「闖」的，就是非法出入山海關。東北的資源豐富，帶回幾件珍貴的皮貨在北京出手，就能獲得不錯的利潤。長年下來，爺爺闖關東多次，累積了足夠的錢，先在河北農村老家買了不少土地，又在北京天津各開了一所皮貨莊；天津鍋店街的永信成是門市部，北京東大市的櫃上做營業批發，生意規模不小。

爺爺兄弟三人的感情深，大爺爺讀過私塾，是位謙和、公正、最會拿主意的長兄，三爺爺身強體壯，兄長一聲令下，他立即快手快腳的把事兒辦好。大饑荒的那幾年，哥兒三個商量好，派機警果斷的爺爺遠赴關東闖天下，賺了錢日後在老家置地產、去北京天津開皮貨莊子，都是大爺爺策畫，三爺爺跑腿執行，創起了王家的家業。兄弟仨早說好了，老王家人以後就在一起過，永遠不分家。

爸爸就在大饑荒的歲月出世，缺糧情況嚴重，靠著幾升雜糧、穀糠才撐了過來，爺爺給起的名字是：壽康；因「糠」而得壽，他能夠活下來就靠著那點「糠」！次年爺爺又得個兒子，小名叫「小多兒」，幾個月就夭折了。爸爸從小就不太能幹田地裡的活，跟著大人下田拔雜草，費盡吃奶的力氣，卻失手坐了個屁股蹲，草還是沒拔起來。但是他能說會道，大爺爺教他認字算算數，字一下就認識好多，算個小賬可是又快又準。大爺爺某日向大家說：「咱們就送這孩子上學好了，說不定他真是那塊料。」大爺爺的判斷力沒錯，爸爸不但在縣城小學的成績破紀錄，還考上北京師範大學附屬中學，接著就讀於北京師範大學，是老家縣裡的第一位大學畢業生。

記得小時候爸爸用一隻大破搪瓷杯子漱口，杯子四周經過磕磕碰碰剝落了很多地方，杯子裡面呈黑褐色，怎麼也涮不乾淨。他捨不得換它，說那是個重要的紀念品，是他大伯伯當年泡鴉片膏子用的杯子。父親經常感歎，若不是他大伯伯送他去念書，現在他還不就是個河北農村混得不怎麼樣的莊稼漢。

我們這一輩的孩子，只有大姊見過爺爺，爸爸還在北師大念書的時候，爺爺中風去世。

爸爸說我們爺爺的性格豪放，最愛打抱不平，很得到鄉里的尊敬，老家的鄰舍有了什麼糾紛，都會來找爺爺主持公道。他聽了兩方的說法，當場做幾句公允的評論，數語服眾，爭端隨之化解。

東大市櫃上的走廊上，放著一隻老舊的大水缸，這裡有一段老故事。民國七年辮子軍老帥張勳揮軍進北京，又將退位皇帝溥儀推上金鑾殿，演了一場復辟鬧劇。張勳的部隊短時期占領北京城，全城戒嚴，槍聲此起彼落，爸爸陪著爺爺不出門。爺爺坐在櫃上的走廊喝茶，抽了兩袋子旱煙，實在悶得發慌，便大發議論痛罵張勳；腦袋裝滿了鋼筋水泥的滿清遺老，可惡透了，民國已經建立好幾年，他還要回到老黃曆去過日子！袁世凱、段祺瑞都不是玩意兒，咱們河北老鄉馮國璋更是個窩囊廢，就會穿起馬靴碰腳後跟來個立正敬禮，一群王八羔子專幹亡國滅種的事兒！罵聲愈來愈大。爸爸很怕門外頭有人聽見，趕忙把大門關上。爺爺氣性更高了，說：「關上門幹麼？俺說的有哪點不對了？」爺爺反而將大門敞開，站在門口繼續大聲發表譴責北洋軍閥的演說。

就聽見街口那邊槍聲不斷，有一顆子彈越過爺爺射進門內，落在大水缸裡，火熱的子彈頭在水中迅速降低溫度，發出吱吱的聲音。爸爸衝過去關上大門，把爺爺拖進屋子裡去。「你看多懸哪！那顆子彈剛好從一個角度射進來，掉進大水缸裡，」爸爸指著那隻舊水缸說：「沒傷著人，缸也沒事，太懸了。」

抗戰八年，爸爸去了南方，永信成就靠三叔在那兒苦撐，總算熬過來了。三叔最喜歡說

1934年在永信成：母親（左後一）、父親（右前一）、三爺爺（前中）。

一件事；抗戰剛勝利沒多久，爸爸突然出現在櫃上的那場驚喜。三叔是老北京了，但是沒在北京上過學堂，一口河北農村的標準侉子調，他說：

「來了一輛軍用大卡車停在門口，小夥計看著嚇壞了，告訴我：有老總上門兒了！老總來櫃上都沒有好事，出去一看，大哥你穿著國軍軍裝，上校軍銜，邁著大步子過來，甭提多精神咧！大哥代表咱們的抗戰勝利，真威風！八年受的鬼子怨氣一下子全吐光了，那天可真把俺給喜死咧！」

櫃上大廳的正面，掛著母親多年前寫的橫幅：永信成皮貨莊。母親看了看她寫的字，搖搖頭不很滿意，說：「這是十多年前寫的了，改天再寫幅新的。」三叔趕緊道謝，說大嫂的新墨寶一到，俺這裡肯定就生意興隆。三叔給我們一家四口每個人預備了一件皮大衣；送給媽媽的是最時髦的水獺皮大氅，一身上下深褐色水獺毛皮，長長的觸到腳面，還有一隻手袋，也是顏色一樣的水獺毛皮做的，雙手可以攏在袋子裡面取暖、爸爸的是一件厚重深藍色長袍，翻開裡子就見到深紅色的狐狸毛，三叔說穿上這件袍子，去西伯利亞也不怕冷了。給哥哥一件兔毛皮大衣，白色的毛特別柔軟，摸在手上挺舒服。我的那件不長，樣子挺踐的，裡面的毛比較粗，也不知道是什麼毛。

下雪天穿新皮大衣上學，同學看了都很羨慕。西班牙還借去自己穿上一陣子過過癮，沒問題，西班牙現在跟我是哥們兒了，他知道挺多學校的祕密：珠算老師沒有念過師範學校，原來是一家百貨公司的老賬房、體育老師偏心，最喜歡俊小子，會帶俊小子到家裡去；你用不著擔心，你長著癩痢頭呢！帶俊小子去家裡又會怎麼了？西班牙不同我解釋，只輕蔑的說：「你什麼也不懂。」

有一天西班牙在我旁邊一個勁的使勁呼吸，幹什麼呢？然後他又拿起我的皮大衣猛的吸氣，做出恍然大悟的表情。有屁快放吧！他低聲在我耳邊說：「我聞出來了，你這件是狗皮大衣！」胡扯，只聽說有狗皮膏藥，哪裡有狗皮大衣的呢？西班牙是班上的知識權威，他堅持這是件狗皮大衣，因為在下雨和下雪天，這皮衣服聞起來就跟他家那條癩皮狗身上的氣味一樣！

三叔給我的居然是一件狗皮大衣，太不公平了。曾經向爸爸提要求，給我換一件兔皮大衣好不好？沒有下文，他說永信成很少替小孩子做皮大衣，你有這麼一件就很難得了，幹麼老是在這上頭跟哥哥比呢？趕緊把那考試分數提高一點吧！我的要求一直被擱置著，也就不太愛穿那件皮大衣了。長大以後才瞭解，哥哥是正宗的王府長孫，自然就不一樣了。

22 去大媽家吃餃子

在北平過舊曆年，父親總會帶我們哥兒倆逛廠甸。過年那幾天廠甸特別熱鬧，好吃好玩的東西叫你眼花撩亂。爸爸答應初三帶我們去，他也喜歡逛廠甸，那兒有數不清的舊書攤，能找到善本書。爸爸去了廠甸就一家一家的挨著找舊書，討價還價買比較便宜的古書，回到家就迫不及待的一本本翻閱，然而他的耐力並不是特別強，通常看書超過一個多鐘頭就拿下眼鏡來揉眼睛，說：「這眼皮子裡面跟塞了塊棉花似的，實在撐不住了。」

清晨縮在被窩裡不想起來，小黃貓擠在腳底，踹牠一腳，牠就打起呼嚕來討好。父親在隔壁刷牙漱口，聲勢浩大，然後站在院子裡咳嗽，練嗓音，鏗鏘得很。他說：「這天兒真冷的夠嗆！」

母親掀開門簾子進來，檢查屋角的小煤球爐子，哥兒倆各自還橫在床上，我雙手都放在被窩裡，縮成一團側睡著。母親朝著我說：

「又把手放在被子裡面，壞習慣永遠改不了，沒出息！」

家教嚴謹，睡覺的時候兩手不准放進被窩桶子裡去，避免小男孩偷偷玩雞雞。拜託，我才九歲，撒尿的東西有什麼好玩的？

一下子忘了冷，起來胡亂用毛巾沾水抹了把臉，扯住父親的衣服說：「該去廠甸了吧！」「哪有一大清早就去廠甸的，人家還沒開市呢！」

過了中午，父親叫了三輪車，三個人擠著坐，車夫慢慢的蹬，頂著風沙往廠甸去。母親不去，說沒事幹麼去喝西北風？

在廠甸玩得不好，父親老催著同去，他等會兒還有事。怎麼行呢，什麼都沒買就走？我坐在地上撒賴。爸爸給我們各買了一串冰糖葫蘆，外加一個「噗噗燈兒」。那東西就像一隻化學實驗用的圓錐形玻璃燒杯，延伸出來個吹氣的細長脖子、大肚皮、薄薄的平底，輕輕吹氣震動玻璃底，發出單調噗噗燈燈的聲音，很不悅耳。全廠甸的小孩都玩這個，我們怎麼可以沒有？

三輪車走到半路，父親說：「好吧！去大媽家玩一會兒，我去辦事，吃晚飯前來接你們。」「好唉！」我在車座中蹦了起來。「去那兒別給我惹禍，還有——」「我知道，回家以後不能說。」瞞著母親去大媽家，可是個大禁忌，說不得。

大媽是一位清秀瘦弱的中年婦人，尖尖的臉，腦後梳著一隻巴巴頭，見到我們倆就拉著我們的手不放，不斷用掌心揉搓著，彎下腰來，臉湊得很近很近說了一串子的家鄉話：「這就是俺們的勒子（兒子）呀！你看看這模樣，這小模樣耶——」她張羅著我們吃吃喝喝的。

爸爸在這兒可罩得住了，一開口，就有人替他跑上跑下的。平常跟我們在一起，多數是誰也叫不動。他叫著：「小五子去給我買包香菸。」我接著說：「紅士牌的！」五姊二句話不說到門口騎上腳踏車出去了，幾分鐘後她拿回一包香菸來。二姊也是頭一次見面，她在北京師範大學音樂系學聲樂，留著兩條長辮子，不時的就運足了氣唱上幾句女高音，嚇人一跳的。

大媽家好熱鬧，很多人在那兒進進出出的，爸爸忙著去辦事，放下我們倆就走了。五姊和幾個小男孩在她家外面放炮仗。最厲害的叫「二踢腳」；它先在地上爆一次，響得怕人，然後沖上天去老高，又打一次響雷。黑黑壯壯的五姊，外號假小子，她就敢放「二踢腳」，野著哪！

「霹靂蓬、颼颼、咆！」她又放了一支，把手上的香遞過來，說：「該你放了。」朝後退了一步，我把手背過去，不敢拿她的香。我們哥兒倆戴皮帽子，穿厚大衣，手裡拿著涼冰冰的噗噗燈兒、冰糖葫蘆，不如其他孩子活潑靈便。有個孩子放了隻「躥地鼠」，它的尾部冒著煙和火，呲呲的繞著人的腳跟亂飛亂轉，我們興奮的跳起腳來躲。又有個野小子充大膽兒，兩隻手指頭捏緊一支小紅炮仗，點火就放，不撒手，放完了他的手指頭黑黑的。

颳起一陣風，眼前灰撲撲的快看不見人了，冰糖葫蘆上沾了好多沙子。我說：「咱們放風箏吧！」「這個天兒不能放風箏，風太大，」她說：「風會把人給颳到樹上去。秋天放風箏才合適。」

拿起噗噗燈兒來吹，單調的聲音引得孩子們都圍了過來。噗噗燈兒是用粗糙褐色玻璃做的，舉起來對著光看，裡面滿是氣泡，平玻璃底後面是五姊的臉，她歪著頭在看。「爸爸在廠甸給買的，」我遞給她：「別使勁吹，它會破。」她還是吹得太用力。

「大夥都玩一下吧！」有個小孩說。五姊不肯：「沒門兒，這是我們家的東西。」我突然大方起來：「沒關係，每個人都玩一下。」換了好幾次手，大夥兒都唧唧呱呱的傻笑著。然後叭啦一聲巨響，噗噗燈兒破了，那個愣頭愣腦的小子嘴上沾著玻璃碴子。

「你這是成心哪！」五姊衝著他大吼：「憑什麼把我們的噗噗燈兒弄碎了，你得賠！」孩子們一個個的開溜，禍主先慢慢的退著走，然後扭頭拔腿快跑，一下子就沒影兒了。我們都說那個小子回去會得肺病，他用好大力氣去吸，已經把玻璃碴子吸到肺裡去了。

五姊在院子裡騎腳踏車，那是一片左鄰右舍共用的空地，髒兮兮的到處是大小垃圾堆。五姊一下快一下慢的在場子裡騎著車隨便轉，又能定住車子好久，就是倒不下來。放開車把手兩隻胳臂舉得高高，拐彎的時候就把腰一扭，車子就拐過來了。突然又颳起一陣旋風，整個場子都是灰濛濛的，中間有一支灰色旋轉著的沙塵柱子，它不斷的往上升起，足有三層樓高，沙塵柱子裡的髒東西捲在裡頭飛舞；舊報紙、樹枝、破風箏、爛布條子……

進屋裡和大家一起包餃子，除了幾個姊姊之外，屋裡還有好多親戚：小姑、萬銀姑爹、小多兒、延兒叔……，都以道地的河北家鄉話交談。大姊擀餃子皮，動作飛快的，一個人擀可以供上四五個人包。我們兄弟手腳慢，在那兒幫不上大忙。大媽在廚房進進出出的，招呼爐火、煮了幾鍋水、剝蒜頭、把老鹹菜疙瘩切成細絲。

後屋裡傳出來老婦人的叫聲：「小四兒！小四兒！」四姊答應著，起身離席，我跟著她去看。奶奶躺在炕上，臉漲得通紅的，掙扎著要坐起來，又扯著一隻袖子說：「暖壺、暖壺——」四姊轉身去拿暖壺，我也跟著出來向大家宣布：「奶奶要暖壺。」

四姊抱了個熱水瓶來，奶奶還是扯著袖子沒改詞兒，說：「暖壺、暖壺。」鬧了半天四姊才弄清楚，奶奶要換衣服。乾淨衣服穿上了，我站在奶奶的炕頭邊，老人家臉歪歪的，笑咪咪的說：「多咱來的呀？你看俺不會說話了，就是不會說話了耶。怎麼小褂兒成了暖壺呢？」我點著頭笑。

爸爸說過從前的事：爺爺闖關東還沒闖出什麼名堂來，我們的親奶奶就過世了，一點福也沒享到，爺爺續絃另娶，爸爸和後娘不親。爺爺走了，兒媳婦大媽就一直侍奉著婆婆。奶奶去年冬天中風，說話和行動都不行了。她最喜歡四姊，病了之後更是賴著她，什麼事都叫「小四兒」。

四姊同我們在東城住的那段日子，母親曾經以她做我的榜樣：「得學學你四姊嘛！功課不用大人操心，以後放學回來先把作業做好再出去玩。」可是寫完作業天就黑了，小朋友個個回家吃飯，還玩什麼屁？四姊問我：「學會溜冰了沒？」「哪兒去學，又沒有人帶我去北海呀！」「下回叫小五子教你。」五姊的運動細胞最發達，男同學都比不上她。

該吃餃子了吧！大媽頭髮有幾處白麵粉，臉上沾滿水蒸氣，濕漬漬的，她從廚房裡出來說：「再等一等吧！」「還等誰呀？」大姊的聲音響亮，她是這兒的頭頭。「他——他爹不

民國初年奶奶在北平。

是要來吃餃子的嗎？」「等他呀！」大姊沒好氣的說：「得了，那還有個準嗎？上回爸爸說只出門幾個月，好傢伙，一去就是八、九年。」「那是八年抗戰嘛！你看你說到哪裡去了。」

大、二、三姊對父親的意見很大，說他對不起大媽，更不是個負責任的爸爸。爸爸感嘆，女兒都遺傳了王府的言語便給，三對一的幹起來，真的說不過她們。現在二姊交了個男朋友，那人根本就是個共產黨。

餃子吃完了，我學五姊硬是吃了一瓣生蒜，滿嘴熱燙燙的，喝起餃子湯來更辣的厲害，像著了火似的。切成細絲的老鹹菜，夾在饅頭裡頭，配上大白菜豆腐粉絲火鍋湯，是最好吃的一道。

飯後擲骰子，一隻大海碗放在桌子中間。男士們擲骰子，對著手中的幾粒骰子奮力吹氣，嘴裡念念有詞的說著髒話，猛的一下子丟進碗裡去，接著是大家又叫又嚷的，然後有人歡呼有的嘆氣。我鬧不太清楚是怎麼玩的，怎麼算輸贏。

大姊一路輸得厲害，又輪到她擲骰子了，她說：「小方，你來替我擲一把，給我換換手氣。」我學起大人的那副架式，握住幾粒骰子搖了幾下，對著吹了口氣。大姊說：「對，使勁吹，吹走我的那股子霉運。」我用家鄉話說：「他奶奶個熊的——」

嘩啦啦啦，骰子在大海碗裡滴溜溜的轉著，一陣歡呼，大姊尖叫，大概真的替她轉了手氣了耶！聽見有人誇我：「這孩子還能說幾句家鄉話咧！」

爸爸到很晚才出現，鬧哄哄的大家同他打招呼，說著閒話。僱了輛馬車，走在寒風颼颼的陰冷北京冬夜裡，聽見馬蹄清脆有節奏的在冰地上敲，我冷得直打哆嗦，用車裡的毯子蓋住腿，睏到睜不開眼睛。

「爸，什麼時候我們再來大媽家放風箏、吃餃子？」「喔！」

沒等到下個放風箏的秋天，我們去了台灣，大媽和姊姊們都留在大陸。

後記

一九七一年，我從美國回到北京。安排時間去尋訪童年舊居；西總布衚衕三十八號，寬敞平坦的衚衕在一九四九年前就鋪上了柏油馬路。我在衚衕裡來回徘徊，憑兒時的印象找大門兒。對，就是這間老宅子。紅大門的油漆片片剝落，門檻中段磨損到出現弧形凹陷。門旁有兩隻小石獅子，獅子的臉部卻已模糊不清。大門虛掩著，我怯生生推門跨入。迎面就是一堵牆，完全對頭。原來牆上有幅字畫，現在是一片灰黑色，牆前堆滿了一人多高的雜物、垃圾。左右分兩間院子，院子的南北向各有一家住戶。我們當年住在右手院子的南屋。轉入右邊的院子，低矮的鐵皮屋蓋了一片，哪還有什麼院子。

站在那兒發傻。光膀子的中年男子正蹲著搧煤球爐，他擡起頭來怒目而視，額頭的汗珠朝下滴，操起京片子吼著：「你找誰呀？」尾音拖得很長。

「我——我就是來看看，從前我們住在這兒。」

「從前住這兒又怎麼了？」他站起來，足有一米八的個頭兒，雙手扠腰挺著肚子，我狼狽而退。站在三十八號的對過，仔細端詳這扇舊紅大門，是這兒準沒錯。

踽踽獨行，走到衚衕口。回首望去，這條衚衕又直又長，看不到盡頭。

二〇一七年哥哥因病去世，我帶著他的身分證回到北京，老哥兒倆再一塊兒遊一次故土吧！北京已經是個居民三、四千萬人的超級大都市。朋友開車裡經過東單，街道衚衕都人擠人的，但是這片市容大致沒怎麼變。我說：「咱們去西總部衚衕瞧瞧？」

停車的地方老遠的，沿著東單大街走，灰塵摻雜在霧霾裡，眼睛覺得乾乾澀澀。街對面的協和醫院像一所大市集，重重疊疊的蓋起好幾棟現代大樓，最早的那個傳統建築，就委屈的窩在一個角落裡。大華電影院給封起來了，告示上說：內部修整，暫停營業。這個電影院也不是從前的樣子了，蓋的像個老式蘇聯活動中心。西總部衚衕在施工，衚衕變得擁擠，灰塵四起，正在挖一條坑道把電線埋進去，塵土飛揚。

沿著衚衕邊看門牌號慢慢走，還沒走到三十八號就有點累了。你瞧瞧，當年我們要從三十八號走到另一頭，北總布衚衕那邊再右拐，一路快走到火車站，才是東觀音寺小學。冬天裡冰天雪地的，每天大清早要走那麼遠去上學，所以我老哥就經常感冒呀！

2018年秋重回西總布胡同。

三十八號的門牌還在那兒，一堵灰牆，一扇普通小門；原來兩扇對開的舊式大門、兩旁的石獅子都不在了。門口站著一位老太太，嘴巴癟癟的，扠著腰以懷疑的眼光看著我們這幾個盤桓不去的外來客。她發話了：「找誰呀？」

我說明來意。「你從前住這兒？」老太太的目光透著不相信：「我問你，那時候你的房東姓什麼？」

「哎呀！那時候我還是個小孩子，哪兒知道這個——他姓郝？」只記得當年隔壁院子的那個郝家最有錢。

「不對，你真的從前住這兒？這瞞不了我，我打一九六六年就搬進來住了。」

「嗨，您差遠了去啦！」我說：「我們家在這兒住到一九四七年秋天。」

老太太眼睛一亮，神情也和緩下來。她不停地告訴我們這幾十年來西總部衚衕的變化，老四合院多半都改建成洋樓，三十八號也快要拆除。

「那麼讓我進去看一眼？」「有啥好看？歪歪擠擠的，有的過道還得側著身子走。要看就進去看吧！」「會不會打擾裡邊的住戶？」「嗨！裡頭都是七老八十的老梆子，每天找不著人說話。」

原來這是一座寬敞改建過的老四合院，有東西兩個間院子，舒舒服服的住了四家人。現在走進去都困難，裡面每一片空間都自作主張凌凌亂亂的蓋滿了房屋，臨時用不同的建材，搭成各式各樣的小屋子，偶爾在空隙間看到老四合院的木料；有的還蓋上兩層，陰暗窄小，空氣似乎就停在原地不動了，窄小的角落裡還種上花草。一扇小玻璃窗後面，一頭大肥貓目不轉睛的瞪著我。矮樹下有四老頭打撲克牌，全神貫注，根本沒看我們一眼。曲曲折折的走道只能容一個普通身材的人通過。現在這兒住了多少人，很難估計。

在門口攝影留念，務必要把那個「西總部衚衕三十八號」的門牌拍進去。

「你們是打哪兒來的呀？」癟嘴老太太問。「我住美國好多年了。」「是啊，我的兩個兒子也在美國，都是博士碩士的；一個住華盛頓，老二在那個叫什麼地方來著，我說不上來。等這溜房子都拆了，我就去美國跟我兒子一塊兒。」

回到旅社才想起來，去西總部衚衕一趟，壓根兒就忘了把哥哥的身分證掏出來，讓他再看一下那個老地方。也許是成心的；幼年的記憶最適合放在腦子裡，那兒最安全也永遠美好。

23 從東搬到西，上了最好的好學校

父親的工作地點在保定，是那時候的河北省省會。他的大學好友當了省政府社會處處長，他說：「賴不掉嘛！他忙不過來，總得有個信得過的哥們兒幫襯幫襯呀！」可是這工作真會累死人的。保定府南邊幾十公里，衡水、武邑一帶，國共打來打去的不知道有多少次，全成了災區。去那兒賑災三次，可是都回不了武邑老家，老家在鄉下，屬於老解放區，去不了。親戚多半都往天津跑，老家的田產早就在土改的時候清算光了。

父親負責把從美國運到的聯合國救濟總署救濟物資，分批從天津港口運送到災區去。距離不遠，可是卡車不夠用，路被破壞得厲害，不好走。每次完成了一次賑災任務，他就回北平休息幾天，告訴我們災區的情況真的太慘啦！「像你們這麼大的孩子哪兒有書念，每天髒兮兮的跑來跑去找東西吃。我們運去的食品最受歡迎，卡車一停下來周邊圍滿了人，半個小時就發完。美國人捐的衣服，老鄉多數不愛穿，後來有二道販子用便宜價格從老鄉那兒收購，清理一下子拿到都市裡去賣。哎呀！咱們是勝利了，現在日本和中國都是美國的乾兒子，聽說日本國內已經在慢慢恢復建設了，我們還在繼續破壞，打呀殺的沒完沒了。你看嘛，將來那個日本乾兒子混得比我們強，做乾兒子也不如人家，多寒傖呀！」

父親愛說真話，特別是在公眾場合屢屢戳破官場裡的虛偽；省府裡舉辦：領袖著作《中國之命運》學習週，他說：「咱們這是學習一週，休息一年。」聽者無不莞爾而笑，卻讓長官下不了台，處長私下裡勸他多次，無效。社會處來了個青年人，才十來歲，狂傲不羈，總是發表點驚人之語，諸位同事都受不了這人，唯獨父親對他特別寬容，認為持才方能傲物，說不定這小夥子真的有兩把刷子呢！有一次這小夥子跟別人鬧彆扭，大聲吼叫，他說：

「他媽的，老子也抗戰八年！」

父親問他：「你今年幾歲呀？怎麼就抗戰八年？」「我小時候都在大後方，先父是集團軍軍長，帶著我們經歷了獨山戰役。」「獨山戰役那年你幾歲？」他搬著指頭算了一回兒說：「六歲多，就快七歲了。」「喔，你六歲就抗戰啦！」「抗戰大業不分男女老少。」

聽了這個故事我跟爸爸說：「媽的，我也抗戰八年。」「好呀！我們家也出來一個抗戰八年的。抗戰開始那年你還沒出世哩！」「可是那一年媽媽已經懷上我了呀！虛歲的算法，一出生就有一歲，所以我也抗戰八年了耶！」

有一天爸爸回家很開心的宣布：「我不用再去保定啦！怎麼回事？黎錦熙老師叫我去辦報紙，又回到語文教育的老本行來，這叫如魚得水。這份報紙很特別，它叫《國語小報》，每個字旁邊都帶著注音符號，認識國音字母的人，念那份報紙的時候，一個字音都不會錯。計畫先出三日刊，地方都找好了，就在西城宣內大街，距離宣武門不遠的那個街口上。」

宣內大街的國語小報社，報館在前院，我們住後邊一棟獨立老房子裡。房子外面有個挺大的院子、草地、好幾株大樹。

搬家不久，爸爸抱回來一台留聲機，一小盒子唱針，十幾張唱片，都是京戲唱段。一半以上是余叔岩生前的名段子老生戲：《戰太平》、《狀元譜》、《伐東吳》、《魚藏劍》、《托兆碰碑》、《捉放曹》、《搜孤救孤》……。還有言菊朋的《罵楊廣》、《臥龍弔孝》，梅蘭芳的《貴妃醉酒》什麼的。唱片起頭的聲音沙沙的，有個男人用標準北京話說：高亭公司約請余叔岩老闆，演唱《空城計》。他稱言菊朋作先生，父親說言大師是票友，所以不能叫他老闆，梅蘭芳的稱呼是博士，人家確實在美國得了兩個榮譽博士學位呀！

爸爸還是最愛聽余老闆的唱腔，一有工夫就叫我放給他聽，我先把留聲機搖緊了，問他：「那一段兒？」「頭戴著。」他要聽《戰太平》，朱元璋的勇將花雲死守太平孤城的故事，出場就唱起高音來：「頭戴著紫金盔，齊眉蓋頂」，但是爸爸每次都跟不上去，搖頭嘆息佩服透了余老闆。他說：「哪回我要是唱上去了，待會兒就得尿血！」「再來一段我本是……。」就曉得他要聽《空城計》了，開始有那句：「我本是臥龍崗，三蛋（散淡）的人！」別人只有兩隻蛋，諸葛先生硬是有三個蛋！

爸爸的香菸夾在右手食指和中指中間，半睜半閉上眼睛跟著余老闆唱起來。十幾張唱片我們反覆的聽了不知道多少遍，連不太懂京戲的母親也能哼幾句，有時候她還糾正爸爸的唱腔犯了錯誤，你怎麼能不佩服咱們的媽媽？

東城和西城相距甚遠，我們兩個小子就必須轉學了。不上東觀音寺小學我一點意見也沒有，反正我每天見到陳豆腐，渾身上下的不舒服。但是西城的學校水準高，是不是要通過什麼考試呢？一提起考試，我心裡就打鼓，沒信心，深怕考不好丟了我們王家的臉。

有一天爸爸興高采烈的回家宣布：倆小子下學期給我上北平最好的小學：北京師範大學第二附屬小學[1]，就是在石駙馬大街手帕衚衕的那個二附小。誰都知道這個二附小最厲害了，學生和老師都頂呱呱，畢業生多數能上師大男附中或女附中；北京最知名的男女中學。爸爸多年前從河北鄉下進城，考上北師大男附中，爺爺就在老家村子裡放鞭炮請客。

爸爸真的有辦法，究竟是怎麼一回事？我趕快捧過一杯茶去，聽他慢慢道來：當年我在XX中學教書的時候，班上有個鄉下孩子，程度跟不上，但是很努力，勤奮有出息，我還特別花時間，在課業上幫助過他，畢業之後考上北師大。十多年之後，你猜怎麼著了呀？人家是校長啦！而且是師大二附小的校長，厲害吧！在一個場合見到他，我說：現在我們是街坊鄰居了，能幫個忙嗎？給我家裡的那倆小子安排在貴校念書。校長一口答應。所以下學期你們都上二附小，哥哥上六年級，他休學了大半個學期，就再念六年級吧！至於小方嘛……。

「小方還是上四年級。」哥哥搶著說。奇怪了，我又沒生病休學大半個學期，成績就算

1 早年的「二附小」是北京數一數二的名牌小學，教學認真，知名校友有錢學森、王光美、張光直、成思危等。後來該校改名為北京第二實驗小學。

不怎麼樣，四年級也念完了呀！二附小又沒有說要考我，就算考那也得等我沒考好，再上四年級，我怎麼不能上五年級？

「不行，」哥哥的意志堅強：「那時候你們答應過的，我可以在家裡休學，但是不能被弟弟趕上一年。」

母親的意見：小方念書拉拉虎虎的，學習不扎實，再念一年四年級也好，免得進了好學校又跟不上班，那才叫丟人呢！爸爸在家裡從來不是主流派，這次他把我們安排進二附小讀書，已算是立下大功了。

我成了二附小四年級丙班的學生。男生制服是淺藍中山裝，硬圓領子上繡了兩圈細細的紅線，女同學穿藍色旗袍。每天早晨的朝會，列隊唱國歌、升旗、唱升旗歌，聽主任講話。入學倉促，制服來不及做，頭兩個星期就穿著黑色中山裝去上學，特別顯眼，覺得很不自在。

二附小很注重兒童各方面的發展，朝會上通常有小朋友們演短劇，內容不外乎是教導大家守規矩、孝敬父母、尊師重道。有一天演的是個小孩偷東西，後來被警察叔叔抓去派出所。演警察的同學臨時找不到警察制服穿，看見我在隊伍裡穿黑色中山裝，救場如救火，跑過來不由分說，兩下子就把我的上衣給扒了去。那個同學的個子大，我的上衣像是綁在他身上，袖子太短，扣子也扣不上幾顆，反正是齣短劇，一陣熱鬧就過去了。

記得還有一位同學，在朝會上吹口琴，又唱了一首流行歌：「西北風——好大的西北風唷！吹到我的屋子裡。」獲得滿堂采，我非常羨慕，覺得以後我要是去演戲唱歌什麼的，大概也會很不錯的吧！

二附小對學生的要求很嚴格，但是從來不體罰孩子。王導師是國文老師，要求大家多背古文、周老師教珠算，上來就是一大篇口訣，她的口訣能倒背如流。考試的時候，聽見班上打算盤的聲音滴滴答答此起彼落，口訣記不熟一定考不好，因為她出的題目多，有連乘、連除，想以心算、紙上筆算根本忙不過來。成績不好的同學，每天午休時間要去教員休息室找周老師背口訣。她橫躺在椅子上閉目休息，學生報上名來，自行背上一段口訣，沒錯的話老師就揮揮手，學生鞠躬離去。一點也沒耽誤她休息。

體育老師王麻子，這是五年級同學傳下來的綽號，因為她臉上的麻點密集，還有同學用比較文雅的稱呼：「天花亂墜」；北京孩子是那種有程度的壞。王麻子主要教同學打棒球，她說棒球從美國傳到日本，日本人管它叫「野球」，日本占領北京的時候，推動學生打棒球。她教我們棒球規則，用日本式的英文說好球：Strike，她的發音像是：斯特來基，我們聽了就說：死的來勁、一壞球 ball one：我們說：飽了玩兒、二壞球 ball two：飽了吐、三壞球 ball three：飽了睡、四壞球保送上一壘，我們就大喊：保送女附中！中文翻譯都很確切。打棒球熱鬧好玩，一場球賽可以有幾十個人參加。

我那時的身材瘦小，總撈不著上場，在一旁老做啦啦隊也是無趣。班上有位韓姓同學，塊頭比我還小，成績優異但是在體育方面的表現和我也差不了多少。有一天王麻子看上小韓

1979年回到北京實驗二小，當年的北師大二附小與四年級導師王帶震老師合影。

了，派他當一壘手，小韓表現不錯，每個球都接到，成功封殺了上壘者，王麻子對他誇讚不已。我在一旁羨慕嫉妒萬分，認為接個球的本事我也有，怎麼就輪不到我來當一壘手呢？仗著和小韓的交情好，就在一旁向小韓央求：

「讓我也來接次球吧！反正王麻子沒朝這邊看，她不會知道我們倆換手了。」小韓不同意，說老師沒叫換人，他不敢做這事。我還是不停的要求，這時候三壘手傳長球過來，小韓因為分心漏接了，對方接連得了三分。

事後王麻子追究責任，把我叫到走廊上痛罵了一陣子，男女同學圍著看，丟人透了！怪誰呢？這次罵的結實，麻子老師真的在生氣，但是我沒有哭，以後就很少為這種事掉眼淚，臉皮練的已經有防禦力了，還是我學到了什麼？得不到的東西別去嫉妒，一個勁的去要也是白搭。爸爸有句名言：挨罵又不疼，難受什麼？

四年級的課程已學過一遍，所以在這個好學校裡我還跟得上，中流砥柱，維持在二三十名上下。同我最要好的同學姓厲，大眼睛，個子不高，花樣很多。他的特徵是身上老是帶著一股子尿騷味，我以為他也是個無法克制的尿床小子。

下課的時候他總是領著頭玩遊戲，北平的冬天冷，操場經常結冰，在上頭跑容易摔跤。精力充沛的男孩子們幹什麼呢？厲小子發明了個「擠冬瓜」遊戲，大家排成一隊，靠著牆兩頭互相擠，被擠出隊伍的就成了冬瓜了。大家玩得起勁，又擠得暖呼呼的。

他挺聰明的，算術題目做得又快答案又正確，但是作業老是丟三落四的遲交，上課遲到的次數多，老師已經警告他好幾次。有一天早晨他又遲到了，王老師問他為什麼遲到？小厲漲紅了臉半天說不出話，後來就哭了起來，結結巴巴的說是買酒去了。買什麼，買酒？對，去給他爸爸買酒喝。老師沒再追問，叫他回座位上課。

去過厲小子家好多次，他家離國語小報不遠，可從來沒見過他爸爸。厲小子是大哥，弟弟妹妹好幾個，他媽媽忙不過來的照顧小孩子，不時大聲叫厲小子做這個拿那個的，去衕衕口小鋪子買點東西。他家裡亂到簡直走不進去，屋子裡騷氣沖天，沒洗的尿布到處都是，就和他身上的氣味一樣。我問他你每天在家裡有地方寫作業嗎？他說就在那家小店鋪子裡寫，跟他們挺熟的了，借個地方坐下寫功課，做習題。不能在家裡做這些，弟弟妹妹一下子就把書和簿子扯碎了。

一天半夜有人急著敲門，把我們都吵醒了，爸爸披上衣服去應門，問：「是誰呀？」「請問你們這兒是姓王吧？」爸爸回答：「你才姓王八呢！」我聽出來那是厲小子的媽媽，打開門只見到她一臉的焦急，說：「請問厲ＸＸ是不是在你們家？」沒有哇！下午放學以後就各自回家了，他沒來我們這兒。

奇怪了，深更半夜的厲小子去了哪裡？第二天在學校，我私下裡問他你昨兒晚上去哪兒了？都十二點了你媽還到我家來找你，厲小子不經意的笑了笑，沒答腔。

24 月下舞刀

北京老房子的窗戶，木頭窗槅縱橫相接，入秋之後就在窗戶的兩面糊上新的半透明窗戶紙。月色明朗，夜風起了，睡不著，就縮坐在被窩裡聽窗外的風聲呼嘯。窗戶紙上有綽綽人影在晃動，這麼晚了是誰還在院子裡？

披上衣服到院子裡去，只見父親半彎著腿慢慢跨步，右手舉著那把佐藤大佐送給他的日本軍刀，月光將泛青的長刀照得閃閃發亮。爸爸的體態墩實，軍刀舞得笨拙，左一揮右一撇，然後再往前跨步。這個景像太嚇人了，我站在台階上，怯生生的輕叫一聲：「爸爸，您在幹什麼？」

「站遠一點兒，爸爸心裡悶得慌。」我離著他有好幾步遠，已經聞到他身上的酒氣。跌跌撞撞的舞完了一段，他將軍刀畫了個三百六十度的圓圈，收式不怎麼瀟灑。重重的坐在台階上，軍刀放在身旁，他深深的嘆了口氣，說：

「為什麼，為什麼就是不讓這些事情過去，她折磨起我來，真的好難受哇！」

爸爸喘不過氣來，努力吸了口氣，聲音在顫抖，回頭發現哥哥正站在我身後，他上唇微微張開，雙眼望著爸爸，眼光裡充滿了恐懼。

爸爸嘟嘟囔囔的低聲說話，不知道他在說什麼，我們開始害怕起來。又見到他再拿起軍刀，就著月光低下頭仔細的看那明晃晃的刀刃，以左手拇指輕輕的在刀鋒上撫摸，又在自說自話，我走到他身旁，這回聽見他說的了：

「虧得他們做出這麼鋒利的刀口來，所以說：引刀成一快，不負少年頭嘛！可是這顆頭也不再年輕了！不就是在脖子上快快的劃過去，一切就這麼了結了，還吵個什麼？」

都聽清楚了，我被嚇得哭出來，但是不敢大聲哭，不斷飲泣，兩人低聲央求：「爸爸不要這樣，不要這樣——」爸爸才突然回過神來似的恢復了平常的樣子，他乾澀的笑了一下：

「別擔心，爸在開玩笑，你們都這麼小，一定要看到你們大學畢業，再去念碩士、博士。爸爸還有好多事要做；辦好這個《國語小報》，否則對不起黎老師、要讓你媽媽的身體好起來，心情也好起來，我們要每天開開心心的過，開開心心的——唉！」

我馬上想起來這都是為什麼了。今天下午大媽帶著奶奶還有五姊，突然出現在我們家，大媽的神色緊張，奶奶笑咪咪的不斷的說：「這幾天俺好多咧，好得多咧！」母親就在裡面的屋子裡沒出來，大聲的叫小張媽，小張媽給客人端上來熱茶。大媽一直靠著八仙桌沒坐下來，爸爸喝了一口茶，咂著嘴然後慢慢的嚼茶葉，用家鄉話說：「啥事兒？」

聽大人講話最沒意思，我和五姊去院子裡玩。抓到兩隻大蠍子，用錫紙包起來，架起幾根小樹枝來燒它，烤出來的氣味有點像烤糊了的蠶豆。五姊邀我下次去他們家前面的空地放風箏，她有一隻跟人一樣高的孫悟空，還有一對連在一塊兒的蝴蝶風箏，放上去會一上一下的跳舞。她們沒待多久就走了。

晚飯後母親罰我寫三張大小楷，寫不完不准睡覺。「為什麼罰我？」「因為你不聽話，同野孩子玩。」「可是她不是野孩子呀！」我急著辯白：「她是五——」「還敢強辯！」母親的臉色很難看，上嘴唇左角陡然往上提，嘴巴就成了個不等邊三角形。爸爸始終不發一言，真不夠意思，他明明知道是怎麼回事，怎麼不來主持公道呢？我還在說：「她不是野孩子——」媽媽突然厲聲對我呵叱：「住口，住口！」她臉色鐵青的衝進臥室去，摔門的聲音非常重。父親罵我：「不許對母親做無禮的犟嘴！」

手中的毛筆有如千斤，小楷一路歪斜的寫下去，睡意陣陣襲來，眼睛睏得簡直就睜不開來。現在體會到爸爸常說的那句話：「眼皮子底下像塞了塊棉花似的。」隔壁大人的吵架聲愈來愈響，小孩們趕緊去睡覺，然後醒來看見爸爸在院子裡揮舞軍刀。

爸爸坐在台階上又深深吸了口氣，再緩緩的吐出來，以拇指摳住食指成了個圓圈，然後發力彈出食指來，敲在軍刀刀刃上，有一種陰森森的聲音隱隱傳出。他說：

「這事兒都跟你們說過，老家裡過了十五歲的男孩子，就得給他娶個媳婦，不然的話人家會笑話，這家子人太窮娶不起媳婦。我十五歲那年成婚，還是個混小子懂個屁呀！悶著頭生孩子唄。去北京念書，跟同學們熟了，談起來個個差不多，我們這一代人，家家戶戶都這樣。」爸爸苦笑著：「那個年月自由戀愛在大學裡可流行著哪！愛來愛去廢寢忘食的追求異性。像老牟寫的什麼新詩：我枯竭的生命中，缺少那愛情之水，自從遇到妳，我才有了生命之泉……。兩個月就追求到手，他馬上回老家把他的元配給蹬了！這事我做不出來。」

「奉父母之命的婚姻，怎麼會幸福。她是孩子的媽，辛辛苦苦的撫養她們，服侍公婆多少年。後來也搬到來北京住，可是在一塊兒過沒話可說，絮絮叨叨的盡是雞毛蒜皮的事。我累了想看一本書，叫她到書架上去拿，再怎麼形容那本書，她還是拿錯了。不識字呀！這能怨誰，我去跟誰吵架呢？」

「後來跟媽媽結婚，你們就很好了。媽每次拿的書都是對的。」我說。

「其實都是我給妳媽拿東西，」爸爸說：「這麼折騰下去，我還看什麼書呀！」

爸爸有個似笑非笑的表情，我發現他眼角上的皺紋很多。

「同你媽結婚是為了愛情、自由戀愛，吵架也只有認了。同她們分開是在反封建？」父親笑得怪異：「當然應當先離婚再結婚，但是法律上能離，在責任、在道義上我能不管她們嗎？一大家子人得活下去，孩子們要上學。那一年你媽不知怎麼就知道了我還沒有辦好離婚手續，可是那時候正在抗戰哪！她氣到不行，說我一直都在欺騙她，又要同我離婚。趁著我出差她不告而別，帶著你們去了南城，真把人給急死了，兵荒馬亂的多危險哪！」

喔！原來是因為這件事，我們才去了南城。

25 母親說

爸走了三年後，媽媽在台北出版的《學府紀聞》上發表〈懷念茀青〉一文，其中有一段：

我在山東濟南民眾教育館當電影院主任，自知性格內向，不適於擔任此職，多次請辭。後來茀青接了我的工作，我們是前後任，接觸比較多。我聽他談吐，看他氣質，知道他是一位生性梗直，有膽有識；擇善固執，不貪權勢，勇於負責，樂觀風趣，熱心愛國，為國家民族努力奮鬥的鐵錚錚好漢。——民教館在大明湖畔，假日結伴遊玩，遊遍了千佛山大明湖，以及濟南附近的名勝古蹟。我們的友情逐漸增進。

茀青認為吃是人生重要的一環，能吃才能做，所謂「人是鐵飯是鋼，一頓不吃餓的慌」。他在外教書，由於吃得多，伙食團都不太歡迎他。民教館的伙食團，竟然有人提議要把他開除。在保定六中時，他的好友梁子美曾撰了一首詞：「王茀之青，訓育六中，德薄能鮮，食量甚宏，酸甜苦辣，樣樣都凶，無以名之，大飯之桶。」他們是老同學，戲謔之詞都一笑置之。

後來我到北平扶輪學校教書，他在天津泊鎮師範任教，假日我們在北平相聚。經常一同出遊，玩遍了皇宮內院、天壇太廟、頤和園、中山公園……。這時候我們的情感雖增，未曾提及更進一步的問題。原因他自知，他是父母之命、媒妁之言下的犧牲者，不敢做非分之想。

最後他想出一個最大犧牲的辦法，他們的皮貨店是上一代共同經營的，那時已發展到天津，天津鍋店街有永信成分號，生意蒸蒸日上，論財產他有三分之一。於是他就將這份財產，做為離婚及教育幾個女兒的費用。手續辦妥之後，我們才於民國二十四年四月十日在北平市東興樓宴客結婚。當時來的親友好多，非常熱鬧。許多人在禮堂上大唱喜歌，喜歌有五六首。可惜事過境遷，多不記得了。有一位苐青的學生在扶輪學校和我同事，退休後住在美國，他來函告訴我，當時的喜歌他還記得一首：

> 苐青端群[1]，端群苐青，相識相愛，相合相凝，樓上樓下，脈脈兩情，
> 驢前驢後，盡瘁鞠躬，時至今日，大功告成，裝在罐裡，其樂無窮。

有幾句需要註解：樓上樓下，民眾教育館電影院的三樓是職員宿舍，樓下是電影放映室，電影開場後他即上樓來找我們談天說地，電影散場他才下樓。驢前驢後；在濟南、

北平郊遊之時常以驢代步，我騎驢背，苐青則步行隨護。裝在罐裡；那時我們住在北平蘇州衚衕裡的罐兒衚衕。

我們因相愛而結合，他放棄家財和我共同生活，細想起來他成了上無片瓦，下無立錐的窮漢了。

啊！罐兒衚衕，爸爸同我們講過很多次住在罐兒衚衕的故事；最難忘的是大媽餵哥哥吃奶。

爸爸說：「我同你媽剛結婚就住進罐兒衚衕八號，挺好的小四合院兒，整整一個月待在屋裡，那兒也沒去。好朋友們發現原來我們躲在這裡樂，他們突然出現，帶著酒菜來鬧了一整天。哎呀，那時候的北平多好哇！人文薈萃，前所未有的思想自由開放，知識分子的天堂。」

「後來你媽懷孕了，生下頭一胎，我們兩個都手忙腳亂的。是呀！我不都有五個女兒了，怎麼還不懂得帶孩子？慚愧，年輕的那段時期，我天南地北的跑，她們都是你大媽一手帶大的。」

1 母親字端群，父親字苐青。

「有一天你大媽突然到罐兒衚衕八號來了，大概是為了安排你們那個姊姊上學的事。她看見床上躺著個小子，扯著嗓門兒在哭，過去看了看，然後一句話沒說抱起孩子來，解開衣服餵奶。這小子不客氣，咂巴咂巴的吃奶吃了個夠，一覺睡到天亮。」

「為什麼大媽能餵他奶呢？」我問。

「嗨！你五姊那時候也才幾個月大嘛！」爸爸說到這裡，總會露出微笑：「你媽媽的身體一向很弱，奶水不足，你們倆都是靠著奶粉長大的。她又是個特別有紀律的人，算準了時間餵小孩，那天大概是你哥的胃口特別好，還沒到時候就餓得受不了啦！」

每次講完這一段，父親便有掩不住的得意之色，然後一再叮囑，可不能在媽媽面前提這個。那是哥哥的頭一次也是唯一的一次，徹底享受了母乳的滋潤。我連一次都沒有。

後記

我從台灣赴美國留學，一九七九年去大陸找到了四姊全家。四姊在同濟大學教書，大媽和他們住一塊兒。已經過八十歲的大媽，是位面貌清秀體型消瘦的老太太，眼睛不好，她把臉靠著我很近，踑著我的衣服說話，很久沒聽到這麼純正的鄉音了，

大媽晚年在上海。

她說：「方啊！你——你爹好不？」

大媽絮絮叨叨的跟我說從前的事：抗戰八年帶著五個女兒，你爹在後方，整個斷了聯繫，每個月去永信成的櫃上拿點生活費，在北平就有一頓沒一頓的挨著過。去櫃上拿錢，還要看那個「挫把子」的臉色。挫把子，他搆不著碗架子！大媽不斷重複這句話，不停的罵「挫把子」。

四姊告訴我：「咱們老王家的永信成皮貨莊，是爸爸他們幾個兄弟的共同祖產，一直是叔叔在經營，爸爸去後方之前，大概說好了，她們的生活費由櫃上每個月出錢支付。但是這邊是下堂大嫂和她的幾個女兒，抗戰時期櫃上的生意也困難。」

每次拿月錢是一樁艱苦的任務，都是四姊陪大媽去的。早年的記憶難以忘懷，四姊說：「通常要在那兒站一天，看著櫃上的人來來往往，最後看見我們還在那兒等著，極不耐煩的給錢打發掉，或是說今天沒多餘的錢了，過兩天再來吧！」

出面應付她們的總是那個管賬的老夥計，粗聲粗氣衝著母女吆喝，態度壞透了，個子又特別矮，我們給他起了個外號：挫把子，就是鍋邊上的短把柄，北方話叫挫把子。

四姊說：「站在櫃上的一個角落裡一整天，人家把你當成透明的空氣，過來說話一張口就大聲呼叫，一臉的厭煩；那是永遠忘不了的屈辱記憶，我們怎麼那麼惹人厭哪！要是爸爸在北平，他們敢嗎？」

一九七五年父親在台北去世。中風之後他喪失了語言能力，每天努力的牙牙學語。我單獨陪著爸爸的時候，通常他默坐著，然後會對我說：「小方啊！我——我難受，你看哪！她們哪——她們五個——」「喔！五個姊姊？」「唉！——我——良心——良心——」他把手按在胸口上。

四姊家那時只有一台十多吋的黑白電視，後來哥哥提議：「我去買一台大的彩色電視過來吧！」「那敢自好，」大媽說：「你可要買咱中國的電視啊！那個外國電視俺看不懂。」

26 辦壁報、狗咬屁股

四年級丙班要辦一份壁報，歡迎同學參加。我一時衝動，舉手報名了，但是並不知道自己能做什麼。級任王老師仔細的跟同學們講解，怎麼來辦好一份壁報；它有半堵牆壁那麼大，上頭要有好多篇文章、彩色圖畫、美術設計，壁報上的文章要一個一個的用漂亮毛筆字寫上去，好費事喲！老白薯姓白，從來沒有人叫他的真名字，這位哥們兒的小楷，寫出來就和劉春霖小楷字帖差不多少。綽號唐老鴨的小胖子是漫畫專家，隨手刷上幾筆，卡通人物就一個個活靈活現的出來了。王老師叫他們兩個當總編輯和副總編輯，問其他的人會做什麼？我答不上來，心裡琢磨著，到時候我就在一旁隨便幫個忙；磨磨墨、鋪平了紙、調調顏色盤子、搬東西，因為我的小楷寫得太難看，更不會畫畫呀！

王老師說打雜的事臨時找人來幹就好，大家都是壁報的編輯，每個人要負責一塊版面，去找同學們寫稿子，到時候繳上來，稿子不夠的話那個編輯就得自己寫，補足篇幅。王老師要我負責文藝篇，什麼是文藝篇哪？就是寫好的故事、詩歌、寓言、童話、笑話什麼的都行，但是不能瞎掰，那會教壞了孩子的。

找小韓寫篇稿子，他搖著頭表示不喜歡寫那些東西，要專心做個世界知名的科學家。厲小子也拒絕了我，他瞪了我一眼說：「我連平常的作業都沒工夫做完呢！」對了，坐在我前面姓成的女生，她總在書包裡帶著幾本最新的翻譯小說：《人猿泰山》、《泰山救美》等，都是最時髦流行的翻譯小說，上課的時候她會偷偷的低著頭看小說，我從來沒說出她上課偷看小說的事來，因為我也想看她的那些小說。她倒是挺大方的，向她借小說一般都答應，條件是她看過的小說才借，三天之後一定要還。我向成同學約文藝稿，很爽快，一口答應，不用同她解釋，她爸爸是辦報紙和雜誌的，家裡四處都是稿子，到時候一定準時繳稿。又借給我一本新小說：《湯姆歷險記》，禮拜三一定得還給她。

文藝版至少要三篇稿子才夠，怎麼辦？自己寫吧！想來想去不知道該寫什麼才好，問哥哥的意見，被他嗤之以鼻，字寫得歪歪扭扭，還寫什麼文藝稿嘛！繳稿子的期限快到了。那天傍晚爸爸跟著高亭公司的唱片哼完了一段言菊朋的《罵楊廣》，最後兩句是：「怒氣不息公案闖，手提羊毫寫兩行。」看他的心情不錯，我說：

「爸，我這兒提著羊毫連一行、一個字都寫不出來，怎麼辦？」爸爸問了問詳情，然後說：「就來個好玩兒的吧！寫篇童話。」大家開始閒聊，每個人都說了點意見，故事慢慢出來了。追憶當時所寫的，大意是：

一個很不聽話的頑皮小男孩，經常惹紕漏，父母老師誰也管不了，由著他胡混。有天晚上他夢見一位仙人，仙人送給他一隻大口袋，打開一看，裡面裝了好多寶貝：撒謊袋、偷懶包、打馬虎眼盒子、隱身草……，都是又好玩又好用東西。醒過來之後，床邊真的有個口袋。頑皮小子得了這許多寶貝，更加得意了。

撒謊袋真好用，上課遲到老師要罰，他就從撒謊袋裡一掏，謊話立刻就出來了，老師同學聽了全相信，不罰他。該繳的作業根本沒做，打開偷懶包，裡面就擺著一份寫的整整齊齊的作業。考試題目每題都不會，偷看隔壁同學的考卷，老師氣沖沖的過來，趕緊掀開馬虎眼盒子，監考老師走到後面去了，根本就沒有注意到他。隱身草特別方便，捏著一根草走在街上誰也看不見。他就在各處亂逛，隨手拿攤子上的東西吃；愛窩窩、驢打滾、切糕、綠豆糕、自來紅，還偷吃了好幾大碗的冰淇淋……，都沒事。

有一天衚衕口來了個賣蟹殼黃燒餅的，燒餅聞起來真香，他忘了沒帶著隱身草，當著燒餅師傅就拿了一個大口的吃起來，結果被警察叔叔逮個正著，在派出所裡住了一晚上。又夢見那位仙人，他收回那個口袋，臨走的時候告訴這頑皮小子：天下那裡有那麼多便宜事兒！你得好好讀書，聽父母老師的話，別再撒謊、偷懶、偷東西了。以後這個頑皮小子就努力用功念書，變成了個好學生。

鄉下段子：

成同學繳了她的一篇，我又寫了個笑話，不過就是爸爸平常講的那些我們都聽膩了的土窮秀才坐在渡輪上無聊，和船夫瞎扯，問他叫什麼名字？唉，鄉下人沒名字，打小人家就叫我狗仔子。多不好聽，我給你起個名字好了。那敢情好，老爺有學問，起的名字一定好。你就叫米田共吧！謝謝，太好啦！秀才就左一聲右一聲的叫他米田共。又問他：你家裡有幾個令尊令堂呀？小的不懂您說什麼耶！令尊是你的兒子，令堂就是你女兒。哦！家裡的會生，生了三個令尊四個令堂。福氣大！滿屋子的令尊令堂，哈哈哈！船夫客氣的問：老爺有幾位令尊令堂呢？胡說，不准你問。哎呀，怎麼回事，老爺這麼個大好人，難道連一個令尊令堂也沒有，真是老天爺不長眼睛哪！老爺不嫌棄的話，我就送您一個令尊一個令堂給您好了。秀才氣壞了，破口大罵，鄉下人也不服輸，兩個人在船上大吵起來，最後船夫對秀才說：讀書人有什麼了不起，你還能把我米田共給吃了嗎？

順利完成交給我的工作。沒料到級任王老師當著全班誇獎我那篇頑皮小子的故事，還決定把它放在壁報的頭一篇，又說王同學為壁報寫了兩篇稿，表現很好。這下子我在班上真的還紅了一陣子，至少有同學們認為我的作文還不錯。但是我心裡還是有點不踏實，因為這篇故事是我們王府的集體創作，而且偷吃蟹殼黃燒餅那一段，曾被哥哥強烈反對過。

校長邀請爸爸去二附小演講，因為天氣太冷，大家坐在教室裡聽父親在播音室裡講故事。在那個窮困的年代我們每間教室都裝了播音系統，可見它是個重點學校。爸爸講抗戰時候我們在江西鉛山的事兒；走山路被蛇咬、老虎就在身後頭吼叫、武夷山頂日本飛機掃射……，爸爸講得非常生動，聲音表情忒豐富，俏皮話又多。

演說特別叫座，事後幾百個同學都擠在播音室外面，爭著看這位忒會講故事的王伯伯究竟長的是個什麼樣子？我站在很後面的台階上，遠遠的看見校長陪著父親走出來，許多人爭著同他握手，陽光曬在爸爸的禿頂上閃爍。當天老師和班上的同學意猶未盡，一直問我江西是個什麼地方，那兒冷不冷，講幾句江西話來聽聽，哎喲，怎麼是這個味兒的，好難懂。你爸爸什麼時候再來給我們講故事？那天我在學校裡出了點鋒頭。

每天放學回家，班上的同學分組，先在操場上集合向老師鞠躬說明天見，然後一隊隊的齊步走出校門，到了大街口上才解散，分頭回家。每一組有個帶隊的同學，走在隊伍旁邊，喊著一二一，要求大家步伐整齊。辦過壁報之後，王老師也偶爾派我做帶隊回家的小隊長，這可是個榮譽，不是好學生怎麼能當上小隊長呢？

手帕衚衕是條窄巷子，泥土路，兩旁都是一般人家的住戶。在一個拐角的地方，有一家養了條大土狗，看見有人走近了點兒就瘋狂的叫個沒完，滿可怕的。狗主人也不管，坐在門口看見過路的小孩被嚇到，還挺開心的呵呵笑，說：「別怕，會叫喚的狗不咬人。」

那天下午，我們列隊齊步走，我走在隊伍的左側，大聲喊著一二一。路過養大土狗的那家門口，我更加提高了嗓門，大土狗衝出來汪汪的朝著我們狂吠起來。仗著人多，我就對著那狗揮手並大聲呵叱：「給我滾遠了去，你這臭狗！」真的有那麼點兒小隊長的派頭耶！轉過頭來沒注意，就聽見身後頭有息息索索的零碎腳步聲，然後左邊屁股來了一陣劇痛。那條土狗趁人不備，猛的衝過來在我的屁股上狠狠的咬上一口，然後牠一溜煙兒的逃進門裡去。

屁股上的疼痛倒還沒什麼特別了不起，受到的驚嚇則非同小可，沒出息的我，躺在地上立刻哭了起來，厲小子蹲下來問我，那畜生咬到你那兒了，流血了嗎？同學都圍過來看著我。現在略為扭動一下，受傷的地方就疼得厲害，厲小子建議讓他看看那傷口，那怎麼行，有五、六個女同學伸著脖子在看我，不能當眾脫下褲子來呀！小隊解散，大家自由回家，厲小子扶著我一瘸一拐的走到國語小報社。

傷得不算嚴重，母親給我擦了點紅藥水，如果好不了的話就去看梁大夫。接著又有一頓教訓：「放學就該專心的走路快快回家，幹麼要去撩街上的狗？當天的功課抓緊時間儘快做完做好，每天你要等到睏得睜不開眼睛才做功課。下次我會當面告訴王老師，這個學生在家裡就是遊遊蕩蕩死拖活拖的混到半夜。」

媽媽哪裡知道，放學後不立刻回家，是我們經常做的事。我和厲小子一路閒聊，走到宣武門的城牆根下，用手摸一下城牆再往回走。城牆那邊有一個菜市場，到了下午多半都收攤兒了。厲小子可是眼明手快，他能在路邊撿到不少新鮮蔬菜、碎肉、骨頭；有一次還弄到一條不算小的魚，我幫著都揣起來帶到他家去。

自從狗咬屁股事件發生以後，王老師就沒有再派我當小隊長了。本來嘛！小隊長要能維持住隊伍的尊嚴，每天保證同學們平安回家，怎麼弄到小隊長讓狗咬了屁股呢？不當這個小隊長倒無所謂，只是那天我躺在地上捂著屁股嗷嗷的哭起來，當時還有好幾個女同學瞪著眼睛看著我，實在太丟臉。

在二附小的輝煌日子很短暫，以狗咬屁股蛋子收場。

後記

我自美國赴北京拍電影，接待單位特別安排回北京西單手帕衚衕實驗二小，當年的北師大二附小參觀。學校外觀還依稀認得出來，裡面蓋了許多教室，操場變小，不能打棒球了。校方特別找到兩位退休的王老師來相會，國文老師和體育老師，當然都不是記憶中的模樣了。我很有自制力，沒有提那個綽號工麻子。談起數十年前的樁樁往事，大家笑得前仰後合的。小韓呢？喔，他可是出息了，二附小的畢業成績優異，直接保送北師大男附中，又上了北京大學物理系，人家在專業領域裡表現的才叫突出呢！厲ＸＸ去了哪兒？聽說他在工廠當技術工人，也有多年沒聯繫了。

二位老師都說我小時候長得很高大，露餡兒啦！當年我跟小韓、厲小子都是班上最矮的小鬼，就是坐在前排最胡鬧的那幾個。她們根本就記不起我了，傷心。這也難怪，我沒有在二附小畢業，五年級上了幾個星期就去了台灣，老師們一生教過的學生數以千計，誰還記得一個只念了兩個學期，又不甚起眼的小渾球呢？

二十多年後，我再度去北京，在一個偶然的機會與北京市政協副主席韓汝琦，就是小韓，通上了電話。談起來五十多年前的二附小；當時的老師、同班同學、發生的大小趣事等等，英雄所「憶」略同，一一都對上了號。最後小韓很誠實的說：抱歉，我還是想不起來您究竟是那位同學！為此我心裡難受了三天。

上了香港鳳凰電視的訪問節目，談起我當年在二附小的種種，對那段日子的記憶仍然鮮活，感嘆老師同學們都不記得我了，尤其是那個沒什麼記性的小韓。幾天後接到韓副主席打來的越洋電話，他說：「正方，你在節目上罵我們啦！」

在台灣遇到四年丙班的成嘉玲同學，她是著名新聞界耆老成舍我的長女，長兄成思危，曾任人大副委員長。我和成嘉玲在同一年都考上台灣大學，彼此互為歷史最悠久的同學，在台灣沒有其他更老的同班同學了。她歷任台灣世界新聞大學校長、董事長。

27 孔傻子、劉喋喋、臉面上見高低

經常來國語小報串門子的孔傻子，身材高大，戴著深度近視眼鏡，他是爸爸大學同班同寢室的同學，兩人從年輕時就不分彼此，無話不談。我們小一輩的平常也跟著老爸傻子傻子的亂叫，當著面可是很有禮貌，從來不提這個綽號。頭一次見到我們兄弟倆，孔伯伯讚道：「哎呀！這兩個小子可真是龍生龍、鳳生鳳、耗子生的會搗洞啊！」爸爸抗議：「傻子，你到底是誇獎我還是在蹧蹋我呀？」

父親講傻子伯伯的故事：黑龍江人財主的長孫，家道富裕，他們同在北京師大讀國文系。四年下來傻子沒好好念書，吃喝玩樂的事卻做過不少，遇上考試、繳報告就來央求同學幫忙，爸爸曾多次替傻子伯伯捉刀，一一度過難關。他為人大方仗義，對朋友很厚道，請客做東毫不吝嗇。爸爸上大學的時候喜歡蒐集繕本古書，但是好的繕本書要價都特別昂貴，只能借故去書齋翻看幾頁過過癮。有時候爸爸偕同傻子伯伯一起去，就鼓動他買繕本書，只要傻子家裡匯來的錢還沒揮霍光，他總會不假思索痛快的買回去。傻子伯伯就在宿舍裡攤開每冊繕本書，一面大聲宣告：「造印子了啊！」在每本書的首頁和最後一頁，小心翼翼的蓋上他的私章，繕本書的前後頁蓋上了私章，歸屬權已確立。但是傻子伯伯不太看這些書，「造了印子」的繕本書，都是父親或其他同學在細讀把玩不已。

大學畢業以後，他回黑龍江老家發展，偶爾和父親互相通信；孔傻子在家鄉花錢辦了所中學，當上孔校長啦！不久發生九一八事變，東北成立滿洲國，接著是抗戰軍興，老朋友們多年都斷了聯繫。回北平不久，兩個老同學又碰上了，孔傻子說他撿回一條命來，老家已是共產黨的天下，大地主一律被清算鬥爭，家產全部充公，逃到北平來投靠他叔叔。早年他爺爺在北京經營了些生意，所以現在他們家還能過個日子唄！

傻子伯伯的東北話特別鏗鏘，捲舌和不捲舌的發音完全給顛倒過來；將三、四說成「山、是」，人的發音是「銀」等等，還帶著一種不同的抑揚頓挫，挺有趣的。他不時說些妙語，突然停電屋子裡一片漆黑，他大聲說：「猴子吃花兒了呢！」黑了下來這猴子為什麼要吃花呢？到現在還是搞不太懂，也不會用，卻老是忘不了它。

他沒有固定的工作，不上班在各處閒逛，所以經常在國語小報社出沒。開始的時候老同學一塊抽菸喝茶，聊起來就是好幾個鐘頭，順便蹭一頓飯才走。後來父親的報館業務忙，經常外出，傻子伯伯來訪，母親同他沒什麼好說的，在我們那兒枯坐一回兒沒什麼意思就告辭了。可是我還是見到傻子伯伯老在後院裡出出進進的，他沒來我們家，反倒是常去後面的劉家喝茶聊天起來。

劉家共三口人，夫妻倆和一個比我們大點的女兒小華。他們家在我們後面二十幾步遠，兩家共一個園子，中央有一棵大桑樹。我們給劉伯伯起了個外號：劉喋喋，因為他和爸爸談話的時候不斷的點頭說：對對對！口音有些奇怪，「對」字的發音是喋。

劉喋喋的脾氣不小，經常對他的妻女大吼。某個很冷的冬天晚上，我見到小華在門外罰站，站了好久。修房子的工人不小心，把劉家的一扇新門敲壞了一點，被劉喋喋發現，上去就捶了那工人好幾拳。塊頭很壯的工人不敢還手，只膽怯而小聲的說：「幹麼打人呀？」

我回去報告工人挨揍的事，爸爸很感嘆：「北京當地老百姓習慣了受氣呀！說的好聽北京是八百年古都，每次新的統治者來了，北京當地人就必恭必敬的伺候著。北洋軍閥在這兒威風，一下子是段祺瑞的皖系軍人當家，後來又換成曹錕、吳佩孚，再來就是張作霖入關；每次改朝換代，北京老百姓在東單什麼地方列隊搖著旗子歡迎，旗子上寫著：北京大順民。永遠是外來的惡霸當主子。」

還有一次劉喋喋逼問小華買東西找回來的錢怎麼沒還給他？小華不回話，她父親愈問她愈不吭聲，劉喋喋火氣上來，沒頭沒腦的痛打女兒，他太太衝過去抱著小華，妻女都被K得頭上起包。小華還是不說話，他就繼續揍。劉喋喋高聲咆哮：「我問你話你就要回答，不然我就打死妳！再問一次：錢到哪裡去了？」小華擦著眼淚，委屈的說：「我也不知道錢到哪裡去了。」「好，這就好！只要有妳一句話就好，喋不喋？」然後就不打了，事件落幕。哥哥認為是劉喋喋打累了，找個說法下台階。

哥哥也不太佩服小華的媽媽，覺得她沒學問。有次大人在閒談，我們聽見劉太太說什麼

「麻雀雖小，心肝都有」，什麼話，連「五臟俱全」也不知道。

白天劉喋喋上班，小華上學，孔傻子伯伯常常過來同劉太太聊天，一聊就是大半天的，他們那有那麼多事情好說的？我們很好奇。有一天天氣熱，他們搬了張小桌子，兩把椅子，坐在大桑樹的樹蔭下乘涼，搖著扇子喝茶嗑瓜子。我們從窗口看見，哥哥忽然有所領悟，他說：「這兩個一定是先在房間裡辦了好事，然後坐在樹底下說個沒完。」我問：「在屋子裡辦了什麼好事？」老哥很輕蔑的斜著眼看我：「說了你也不懂！」怎麼會不懂，你告訴我呀！哥哥六年級快畢業了，當然知道的比我多。「他們辦完了事，」哥哥說：「一定有好多話要講，談他們的舒服經驗之類的。」「什麼經驗哪？」不理我，突然他有個建議：「你現在就偷偷過去，輕輕的爬上大桑樹，假裝摘桑葚，聽聽在他們說什麼。」

爬樹的本事我可厲害了，一下子就能爬到很高的樹枝上去，只有我們家的兩隻貓比我爬得更快。弓著身子躡手躡腳的上了樹，樹下的兩人真的沒注意樹上多了個人。距離太遠，聽不清楚。傻子伯伯的嗓音低沉，說東北話，大概是在講他老家有多少頃田吧！劉太太說她的饅頭沒發好⋯⋯。還得湊近一點才聽得真，就在樹枝上挪動了一點，樹葉子掉下來好幾片，兩人不約而同的仰頭望上看，我無處可躲。傻子伯伯看見我就感嘆：「你看這兄弟倆呀！真叫龍生龍、鳳生鳳、耗子養的會搗洞哪！」沒能完成偷聽任務，哥哥罵我真的很笨。

母親也覺察出來情況不太一般了。因為劉喋喋每天下班回來，他們夫妻二人吵得更加頻繁，而且摔盤子砸碗的聲震屋瓦，偶爾還聽到一兩句吵架內容。有一天傍晚，傻子伯伯在我們家晚餐，飯後爸爸和老同學抽菸、品茶，他說：

「傻子，我跟你說呀！我知道你老婆留在老家出不來，又是一向身強體壯的，這日子真有點熬不下去。可是千萬別鬧大了，隔壁那位劉先生，性子可叫火爆哪！如果出了什麼事情——」我們倆躲在窗戶外豎起耳朵來聽，大概是人影映在窗戶紙上了，爸爸衝著我們這邊大吼：「到南屋做功課去，小孩子不要在這兒偷聽大人講話。」

以後孔傻子伯伯很少來我們家了。多年後，我記起來傻子伯伯的中間名字是個「繁」字，就問父親：「傻子伯伯是孔夫子的後代嗎？」「當然，聖人族譜上查得到的。」

學期結束，整個暑假都閒在家裡沒事幹，就經常到報館的工友室去混，有位工友綽號「了然公」很能聊，聽他講話倒還滿有意思的。了然公胖乎乎的，左眼戴著一隻眼罩，從沒見他摘下來過，他應該有一目了然的本事，叫他了然公的確很合適。這個名字是母親取的，很稀罕，她也露了一手罕見的幽默感。了然公挺有學問的樣子，好像什麼都知道，經常發表意見，做個時事評論。端著一隻大搪瓷茶杯，裡面放了半缸子茶葉，他每天要看完報社裡的每一份報紙。有次他說共軍將領聶榮臻戰敗被國軍俘虜了，華北戰局就要改觀。他很知道聶榮臻這個人，是位能征慣戰的猛將，可惜被共產黨給騙去，現在回來就好了。

我問爸爸誰是聶榮臻，他投降了嗎？爸爸愣了一下子，搖頭說：「從那兒聽來的這些？華北戰局糟透了，國軍全被困住挨打，小孩子知道什麼，用不著操這個心。」

了然公經常支使我跑腿拿東西，又要我替他在記事簿子上寫這個那個的，然後誇獎我的毛筆字寫得不錯。頭一次聽見有人說我的字好，真的嗎？自己看著那字體還是東倒西歪的。他經常感嘆自己的命運乖舛，生在動亂世代也是無可奈何，他說：

「要是換成太平年月，我最起碼也得是個縣長。現在虎落平陽，只好將就馬虎一點，幹個工友吧！」

我老覺得這縣長與工友之間的差距未免太大了。

工友室的地方不大，牆角的煤球爐子上面，坐著一隻大銅壺，供應開水。經常有人進進出出的來續開水，小張媽負責大銅壺的水不能少了。了然公坐在工友室裡面，最常做的事就是朝著廚房吆喝：「小張媽，壺裡的開水快沒囉！」快手快腳的小張媽一會兒就出現了，拎一拎銅壺，對了然公大聲吼了一聲：「怎麼快沒了，還有大半壺呢！」了然公眉開眼笑（一隻眼）的說：「好一會兒沒見著妳的影了，在這兒想妳呢！」

小張媽是北京近郊的三X縣人，每天打扮得乾乾淨淨，手腳俐落裡裡外外的張羅好多事情。上個冬天，我告訴小張媽，我有一雙溜冰鞋，很想學溜冰，但是沒人帶我去北海溜冰場。她說學溜冰幹麼要去北海公園呢？咱們在院子裡潑點子水，天氣冷一晚上結好了冰，上去溜著不就得了嗎？她連著兩三天在我們家前院潑剩水，果然那塊地方有了塊不算太小的一片相當平的冰地。我穿上冰鞋，戰戰兢兢的站上去，哪裡站得穩，每次摔得屁股生疼、手肘和膝蓋也擦破了皮。小張媽有時路過在一旁指點，說：「你得溜哇！別老傻站在那兒，一溜開了就不會摔啦！」她還挺知道怎麼溜冰的呢！說的真對，放膽往前溜，我慢慢的找到了平衡，後來總算能夠在冰上略作滑行，不再摔跤了。

了然公同我下象棋，說我小小年級棋下得不錯，常常出個怪招嚇人一跳，但是經常忘了保護自己的老帥，我們互有勝負。每次下完棋他就大口喝著茶，談論起女人來；泛論天下各地女人的特色：四川妞兒奔放、山東蓬萊大姑娘標緻、蘇州女孩的柔軟……三X縣的女人，可才叫好哇！接著他會感嘆連連，下同樣的結論：逼是一樣的逼，臉面上見高低。

工友室最常見的活動是打紙牌；牌九、撲克牌，花樣很多，我在一邊看著，不用多久我都會玩了。人湊不足的時候，了然公也叫我來玩它幾把。但是他最喜歡小張媽來一塊兒打牌，總是說：「小張媽不來玩兒，我就不玩兒。」小張媽坐下來玩牌，了然公的話可多了，一句跟一句的，特別逗樂，把小張媽逗得咯咯的笑個不停。又有一次，了然公在門簾子外面同小張媽說悄悄話，彷彿聽見他說：「咱們要能找個地方睡午覺，那該多好。」「扯你娘的臊，誰跟你睡午覺。」

我偷偷同哥哥講了他們說睡午覺的事，睡午覺會不會也辦那個好事？他擺出一副專家的樣子來，想了想：「嗯！說不定，我看他們多半會。」

一天中午天氣特別熱，我去宣內大街逛。街口的包子鋪剛蒸好一大籠包子，小徒弟扯足了嗓門叫賣，聲音刺耳。那包子我偷偷買來吃過，皮厚餡兒少。昌黎縣賣鋼針的鄉下人又來了，蹲在那兒吆喝：「鋼針、純鋼針、不會彎。」他的道具簡單，一塊木板放在前面，用隻老虎鉗子夾住一根針的針尾，針頭戳入木頭再往上掀，鋼針便發出嗡嗡的聲音來，每根針的聲音都不一樣，傳到很遠，不時就啪的一聲清脆，針被他扳斷了，他說：「你看，它只會斷，不會彎。」很多人圍過來，昌黎老鄉上勁了，用著他那「老談兒」口音叫賣，買針的婦女不少。

又過來一名乞丐，不會走路，坐在一塊木板子上挪動，挪到一間店面口，手裡拿著兩塊大牛胯骨，上面串上許多小鈴鐺。他一面敲打牛胯骨，一面用蒼老的聲音念：「掌櫃的發財我沾光，掌櫃的吃麵我喝湯！」說起來就是一大串的沒完，賴在那兒不走。這生意還怎麼做呢？掌櫃的受不了，叫小夥計趕快給他幾個錢打發他到別家去唱吧！

又熱又無聊，沿著牆根走回報館。靠總務處那頭有一排樹，走在樹蔭下涼快多了。看見小張媽從她住的那間小屋子出來，她剛睡完午覺，不停的揉搓著眼睛。隔了一會兒，了然公從小張媽的小屋子裡探出頭來，左右看了看，眼神不好根本沒瞧見我，他出來掩上門。我覺得這真的有趣了，迎上去說：「怎麼樣，臉面上見高低了嗎？」了然公根本不理我，擺著張臭臉從我身邊走過去。

28 我考第十八名、魏伯伯天天來

暑假前，四年級生升五年級，二附小給大家作一次會考，考生成績作為分班的參考，分數太差的會被退學，留下空額招收外校的好學生。我跟著大夥兒考了一個上午，也沒注意考得怎麼樣。秋季開學，我分到五年級丙班的第六號。五年級一共三班，分到丙班的名次都是三的倍數，這表示我考到第十八名。不簡單哪！從來沒有這般的成績優異過。母親說：「也沒什麼了不起，你念了兩次四年級嘛！」聽了這話就不開心，是你們要我重讀四年級的。

四年丙班的幾個好朋友，都分到別班去了，安排坐在我旁邊的同學姓左，塊頭同我一樣矮小。小左是我們班上的時事新聞中心，天下發生的任何事情他都是第一個知道。每天早上見到他的頭一件事就是問他：「今天有什麼大事？」他說：「司徒雷登昨天發表談話……」「誰是司徒雷登呀？」有位同學問。「哎呀！他就是美國駐華大使嘛，這個也不知道，每天就在那兒醉生夢死的。」

有一天他慢條斯理有頭有尾的講了一段「美軍強姦北大女學生沈崇事件」，我們聽得都傻了，隨著義憤填膺起來。最後他做了評論：美國是戴著假面具的虛偽帝國主義者。講的很有道理，這傢伙真有兩下子，從那兒學來的這套本事？他告訴我，家父是某大報的編輯，他們家每天的談話、報紙、雜誌都是這些內容，想不知道這些事兒都不行。已經這麼懂這一行了，你長大了會不會去辦份報紙？才不幹那個呢！晝夜顛倒的搶新聞趕稿字，我爹不到五十歲頭髮都白了一半，開始有點駝背。那麼你要幹那一行呢？小左認為自己是個數學天才，要當理論數學家，目標是發明幾條數學定律來，將來要是見到什麼「左氏定律」的話，不用問你就知道那是誰琢磨出來的了。

他的數學真的很厲害，我們在那兒算雞兔同籠，兔子腿、雞腳、雞頭總是糾纏不清，小左很快就有了答案；你怎麼一下就知道答案？他說先設定好有X頭兔子，用代數方程式來算答案，輕鬆、俐落、快！聽不懂他說什麼。後來他又偷偷告訴我，張恨水同他爹在同一間小辦公室裡上班，他們的交情最好了。張恨水的小說我們都爭先恐後愛不釋手的看，有：《啼笑因緣》、《金粉世家》、《夜深沉》、《春明外史》……他爹跟大文學家平起平坐的，小左他們家真不簡單。

五年級丙班的級任導師姓李，瘦高個子，國文和數學都是他教。上課時表情嚴肅，聲音發自丹田，震得耳朵根子嗡嗡的。到現在還記得他有次在課堂上大聲朗誦一篇課文：「中華中華，可愛的中華，世界上沒有一個國家比你更偉大！北自興安嶺，東起渤海灣，西到帕米爾高原……」

音調鏗鏘，氣勢磅礡，情緒激昂自然；詩歌朗誦就應該像李老師那樣子：高聲的讀出來，情緒自然的隨之起伏。後來我聽過無數次的詩歌朗誦，多數是肉麻兮兮的，在那兒造情緒，叫人渾身起滿了雞皮疙瘩。

不過聽得出來李老師有唐山口音，把「愛」字念作「耐」，「原」字讀成「淵」，「華」念作「花」。上數學課講「有餘不足」那一章，李老師把「餘」字說成「淤」。老是在注意別人的發音是否正確，多半是受了父親推行「語正音」的影響。小左批評我沒學問，古文裡面「華、花」通用，本是一個意思，中華民國就是中花民國，這個「花」字現在應當作花錢很多的意思解。

李老師改考卷一絲不苟，頭一次的數學考試卷子發回來，我只得了六十四分。其實大部分考題我都答對了，但是許多演算過程潦草，條理不清楚，看不出來是如何得到最後答案的，扣分很多。李老師說，得到正確的答案不是學數學的全部，解題目要有正確的分析，每個步驟都很重要，一步步的做對了，就可以避免犯錯、不會亂猜答案了。當時不太懂李老師的意思，剛上他的課不久，還有點怕他，沒敢多問，只在暗自發愁，這五年級的日子恐怕不大好過嘍！

魏伯伯最近經常來家裡同爸爸聊天，一聊就是好幾個鐘點。當然囉，我們也給他取了個綽號：馬頭伯伯。因為從側面看，他的腦袋真的很像一頭馬。他們分別在北京大學和北京師範大學讀國文系，同年畢業，雖然沒同過學，但是教他們的老師幾乎都是一樣的。

老爸說起他大學時代的故事：民國初年的大學生少，能在北京上大學的就更希罕了。他們就像《啼笑因緣》裡面的大學生樊家樹那麼神氣；冬天穿上時髦的深色狐毛裡子長袍兒，圍著白圍巾，結伴去北海溜冰，猛的來個單腿躍起，作三百六十度的大轉圈兒，落回到冰上還能伸出胳臂、打平一條腿的繼續滑行，旁邊的人看著大聲叫好，帥著哪！魏伯伯說他是南方人，不會溜冰，也沒想去學，豈止如此，來北京上大學的時候還從老家帶了個年輕的聽差，平時負責服侍他的生活，體育課就叫聽差去上，體育考試成績還不錯呢！

我最喜歡站在一邊聽爸爸和魏伯伯談古論今，他們總會說起兩位都教過他們的國學大師；黃侃和錢玄同。黃大師字季剛，湖北人，是位著作甚豐的知名國學家。爸爸說上他的第一堂課，黃大師就開宗明義的說有三不講：一、不講科學，因為他不懂；二、不講外國文學，因為他不諳外語；三、不講民國八年以後的東西，因為民國八年以後的都不是東西！黃老師痛恨白話文，認為那是販夫走卒難登大雅的庸俗語言，他提倡「文白話」。於是就全程用流利的文言文講課，抑揚頓挫，精準又無瑕疵，能將古人的語言生動無瑕的來表情達意，非常了不起。季剛師還曾寫了一首調侃胡適之的白話詩送給胡，胡先生回贈他一首七言律詩。

錢玄同老師自號錢疑古，也是一肚子的國學，學術地位為當世之翹楚。然而他富懷疑精神，對傳統古籍處處提出質疑，甚至於有個說法：古代堯、舜的記載缺乏實證，他們有可能是恐龍的別稱！錢教授的思路新穎，天馬行空無所顧忌，最受大學生的歡迎。後來魏伯伯與錢教授住得很近，結為忘年之交，疑古大師經常去魏家談論天下事，留下來順便蹭一頓飯。

黃、錢二位，先後拜章太炎先生為師，同為太炎先生最器重的入室弟子。

爸爸說魏伯伯是一位認真的學者，鑽研國學鑽的功夫相當深，一肚子學問。他和爸爸的志趣相投，認為統一語言、掃除文盲之後，中國方才有未來，魏伯伯也投身語文教育，現在是教育部「國語統一委員會」的委員。他經常去台灣，在我們家暢談位於亞熱帶的寶島台灣。

有一次魏伯伯帶著四根台灣香蕉來，我們聽說過這種水果，這可是頭一次見到它。一拿出來滿屋子就充滿香氣，香蕉短短的不太長，大概因為放了很久，每根香蕉的皮都呈漆黑色。爸爸頻頻感謝，說這麼老遠坐飛機給帶過來，真是盛情難卻呀！他一面說一面就剝開香蕉皮，大口的一根一根的吃起來了，還說：又香又甜，甜得真叫有味道哪！頃刻之間四根香蕉全被他吞下肚去。我們哥兒倆在旁邊乾瞪眼。

晚飯時一家三口群起抗議，生平頭一次見到香蕉，卻只遠遠的聞到了點香氣，一口也沒嘗到，爸爸很過分耶！媽媽也加入譴責，她曾經吃過廣東出產的香蕉，台灣香蕉那麼有名，也不給大家嘗嘗呀！人家多細心的送來四根，就是算好了我們家有四口人哪！怎麼一把年紀了還那麼饞。爸爸呵呵大笑說：

「想吃台灣香蕉還不容易，你魏伯伯天天來說服我去台灣推行國語，等咱們搬到台灣住下來，香蕉在那兒滿街都是，吃香蕉能把你們一個個給吃撐了。」真的，我們要去台灣了？

魏伯伯說，在北平辦《國語小報》是個實驗；想證明小學生先學會注音符號，再閱讀旁邊帶有注音符號的文字，朗誦起來讀音正確，能快速提升他們的語文程度。這個實驗已經有了驚人的成績，非常成功。目前最需要推行中國語文的地方，是曾被日本軍國主義者統治過五十年的台灣。他去了台灣多次，魏伯伯和好幾位語文專家，在台灣成立了國語推行委員會，決定在台北市發行一份報紙：《國語日報》，性質和這兒的《國語小報》一樣，但它是份日報。《國語日報》的讀者群，設定了是小學生、初中生和有志學中國語文的成年人。誰最適合去台灣開辦這個《國語日報》呢？爸爸接過來說：

「辦這個漢字旁邊兒帶注音符號的報紙，全世界就屬我最內行了！」然後縱聲哈哈的笑起來，魏伯伯也一起仰首大笑，兩人同時面對面的張著大嘴。魏伯伯說：「所以這項任務也就非君莫屬了矣！」

父親很苦惱，北京是他青少年時期成長的地方，最眷戀不捨的文化古城，他在這兒接觸到、學到他所有的知識，這兒有他生命中最重要的師長、摯友，目前他也是北京師範大學的兼任教授。他熟悉北京的一草一木，處處都記載著他過去的點點滴滴，抗戰時不得已離別八年，離情才了，現在又要遠去南方的台灣島，千絲萬縷實在難以拋下。

母親對魏伯伯的建議萬分熱衷，她認為去台灣推行國語是爸爸絕好的事業轉捩點，在北平推行什麼國語呢？這兒人人都口音標準，台灣正是你實現「語同音」的廣闊戰場，英雄用武之地，萬不可臨陣退縮！北方的氣候惡劣，兩個孩子一到這兒呼吸器官就不好，不斷的生病，還因此休學大半個學期，重讀了一次，耽誤學業。再怎麼說你也該為孩子們多著想一下呀！

父親陷入天人交戰，每天愁眉不展的，掙扎了好幾個星期，有一天他對著全家大聲鄭重宣布：「立即結束《國語小報》，我這就帶幾個報社員工先去台灣，然後儘快安排你們到天津搭船，直航台灣基隆港。」

爸爸低下頭又想了一會兒，說：「去台灣也就待個三、四年，最多五年吧！等那邊上了軌道，報館就交給可靠的人，咱們馬上回北平。」

29 美信輪之旅

爸爸必須坐船去台灣，因為他負有重要任務：押送一整套有注音符號的「鉛字銅模子」到基隆港。銅模子是製造印刷鉛字之母，它是一個個銅製長方形的模具，往裡面灌入熔化的鉛，冷卻之後就有了一隻可供印刷的鉛字了。常用漢字約四、五千個，《國語日報》要用的鉛字，必須每個字旁都有正確的注音，故此這套銅模子是特別訂作的，全中國只做了兩套，其中一套目前《國語小報》在使用。完整的一套銅模子有一兩萬隻模子，因為報紙印刷要用大小不同的字體，所以爸爸要運去台灣的行李又多又重。不到一個禮拜，他去了天津，順利登上了航往台灣的輪船。

母親的行動更是積極，三兩下子就處理好了家中不能帶走的東西，包括她的水獺皮大衣，送給了隔壁劉喋喋的太太。「媽，它很值錢的耶！」「台灣是亞熱帶氣候，根本穿不上水獺皮大衣。」我最喜歡的一堆小人書（漫畫、連環圖畫），其中有《豐子愷畫冊》、《大盜傑西》、《三毛流浪記》、《老夫子》[1]等等，都讓小張媽拿去燒火了。

過幾天就要上路，媽媽硬要我們喝一種藥水，專治癩痢頭的特效藥。我們從杭州帶來的「甘露」藥水早已用完，哥哥頭上的癬明顯在好轉，我的癩痢頭依舊如故，東一塊西一撮的老是那副德行。媽媽告訴我們，新藥水喝下去，頭髮會先掉光，然後用另一種藥膏塗上，保證根治癩痢頭，然後頭髮又全部長出來。哥哥已經進入少年青春發動期，對自己的容貌十分在意，要他喝禿頭藥水，那可是抵死不從的！我那裡敢不聽母親的話呢？乖乖的每天喝著，那藥水的味道非常苦，哥哥說，一定是從梁大夫那兒弄來的什麼毒藥。

最後一次去二附小上學。我同小左說：「最快我們三年之後又能見面了。」小左想了想，低聲的跟我來了一段時事分析：「我爸爸說，國軍一直打敗仗，現在戰局緊張，戰地補給大部分靠空投，而且看樣子美國佬要放棄國民政府了，你們去台灣也躲不過的。」「躲不過什麼呀？」小左搖搖手，指了一下講台上的李老師，要我注意聽課。

念過好幾個學校，我最喜歡二附小；老師們嚴厲但是不打手心，四年級的王老師誇獎過

1 我們看的《老夫子》漫畫，是一九四〇年代天津漫畫家朋弟（本名馮棣）的原著；畫中主角有老夫子、老白薯等。當時在北京、天津一帶很受歡迎。哥哥和我還記得我們在大陸看到的最後一個故事：老夫子和老白薯被綁匪勒索，兩人正討論要拿假鈔票去贖人質，下一幅畫出來了一個凶悍的大人頭，指著他們倆說：「如果不把真錢送去，你們兩個人的性命一個也逃不了！」然後我們就去了台灣，後來老夫子、老白薯到底送去的是真錢還是假錢，半個多世紀已過去，咱哥兒倆還是不知道結果！天下只有我們這種碩果僅存的老頑童，還會記得多年前重要的芝麻綠豆瑣事。後來在香港也有人畫《老夫子》漫畫，極為暢銷；畫中的老夫子、老白薯（改名為大番薯）的造型和朋弟當年畫的完全一樣。

我的寫作挺不錯呢！認識了好幾個哥們兒好同學，現在坐在隔壁的這個小左又特別有學問，可是明天我就不再來這兒上學了！

坐在從北平去天津的這趟火車上，人擠人的，灰撲撲嗆鼻子的煤煙一直吹過來，頭上發癢，順手去撓，頭髮就一撮撮的往下掉。這次去天津一點都不好玩，行李很多，時間又趕，下了火車快快的吃了點東西就奔向碼頭。原來以為可以到二姨家去玩，看看表哥這兩年的小提琴拉得怎麼樣了。媽媽說沒那個閒工夫，去台灣的船預訂傍晚出發，得趕快上船安頓好，這趟船至少要坐上四、五天的呢！

天津碼頭擠滿了人，我們要搭的船叫「美信輪」，在那兒呢？希望它又大又新，總得比我們上次的那個執信輪要新要漂亮點才好。我朝著又高又大的輪船去找，哥哥指著一個方向說：「美信輪在那兒。」好失望喔！美信輪髒兮兮的，又矮又窄，擠在兩艘大輪船的中間，顯得那麼不起眼。哥哥說：「小一點的輪船跑得快，我們可能只要兩、三天就到台灣了。」

還不能上去，在碼頭上等梁伯伯一家人到了之後一起登船。梁子美伯伯是爸爸北京師範大學國文系的學弟，就是寫歌詞說爸爸是個「大飯之桶」的那位，受聘為《國語日報》總編輯。一輛大頭黑色轎車開上碼頭來，是梁伯伯哥哥的公務車，他親自來送行。梁家有四口人，梁伯母和一女一兒，陸續下車來，兩個小孩比我們小好幾歲。

講好了輪機長讓出他的房間來給我們住，發現那房間已被別人霸占。又說你們七個人太多，住進去不合法，最多住六人。「我們有四個是小孩子，就算六個人吧！」「小人也是人。」再怎麼說，那個胖輪機長就是不答應，硬不准我們上船。梁伯伯是個慢性子，講話溫文，交涉了很久還是沒結果。母親著急了，她過去同梁伯伯說：

「不用再說了，我不去就剛好六個人，到了台灣你把我兩個兒子交給他們父親。」梁伯伯連說這怎麼可以，你不上船又要去哪裡？母親說：「等下我就望海裡跳！」可嚇壞了我們哥兒倆，我已經哭了出來。

梁伯伯的哥哥還沒離開，他跨著大步子走過來，低聲的問了幾句，然後把輪機長帶到遠處，同他私下談了一會兒。開始時輪機長還比手畫腳講什麼，後來就看見他一個勁的點頭。問題解決了，順利上船。當然要多花很多錢，問了好幾次，媽媽就是不告訴我花了多少。

輪機長很胖，肚子挺出一大圈來，戴著頂大圓帽，帽沿兒朝後，額頭上有一層油，閃閃發亮。他在輪船上跑上跑下的忙，要處理很多事，講一口上海國語，只聽懂一句：「急得我頭上出油」，然後掏出一條毛巾來擦前額。

美信輪啟航。這艘輪船確實走得快，天還沒完全黑，我們已經出了海河口進入渤海灣。風平浪靜的航行了一天，梁家的小孩都很規矩，玩不到一起去。哥哥是二附小保送到北京師大附中的初一學生，上了幾個星期的課，開心得很。他說上的那個英語直接教學課，特別有意思。沒課本，連英文字母都不教，老師從頭到尾講英語，開始一個字兒也聽不懂，後來就慢慢聽懂了不少。大家頭一句懂的是Good morning，因為它聽著像「姑爹摸你」；還有Come here，同學說那是「看屁眼兒」。現在他被迫輟學，心情非常惡劣，不敢同他說話，免得自討沒趣。

在船上認識了另一個北平來的男孩，和我同年，跟著媽媽去高雄找他爸。我們二人發瘋了似的在美信輪每個角落探頭探腦，屢屢被船長、輪機長轟出去，只有在甲板上玩比較自由。這條船以運貨為主，貨櫃放在下頭的船艙裡，沒有幾個供乘客住的房間。這次乘客多，就在很多拐彎抹角有空隙的地方，臨時搭個床位。我們能住輪機長的臥室，算是個特殊待遇了。

快到上海，船長廣播：必須要上一批貨，預計在上海有半天的停留。梁伯伯說他必須得下船去上海市區會朋友，半天的時間就夠了。梁伯母很擔心，深怕要是趕不回來上不了船，他們怎麼辦？母親也幫著勸說，可是梁伯伯說跟老朋友約好了，不見不散。輪機長來他房間拿東西，聽見我們的爭辯，提高嗓門在一旁說：「弗好（不好）下去格，上海已經滿亂的了。」

我們擠在船邊看，一名胳臂肌肉粗壯的水手握著根鐵纜，等到船靠近了，他半轉過身來，使勁丟下鐵纜去，岸上有人接住，熟練的將鐵纜結結實實的捆綁在一根短石頭墩子上。碼頭上很擁擠，嘈嘈雜雜的人在推擠叫罵，穿軍裝的至少有一半以上。不少人爭著要上我們的船來，船長馬上叫著：把下船的梯子拉回來。一會兒來了一車警察，他們帶著槍在船邊站崗。梁伯伯默默的看了一會兒，沒有再提要下船的事。

貨上得很慢，而且轟隆轟隆的吵了一晚上。早上起來，一上甲板上就嚇壞了，什麼時候來了幾十個軍人，每人打開行李捲，鋪在甲板上，留下幾條窄小的空隙當過道。

船頭有喧譁聲，鑽人縫擠到前面去，見到一身材高大的軍官，左手扠著腰，右手指著岸邊的人開罵。美信輪不算高，很清楚的看見岸邊有另外一軍官陪著位少婦，船上船下互相大聲的喊。少婦歇斯底里的以上海話數說船上軍官的不是，但是她說話速度太快，我的上海話程度有限，聽不太明白。兩名軍官講四川話，容易懂。少婦大概是在罵她的男人不告而別，想一個人溜去台灣，她留在上海該怎麼辦？船上的軍官說去台灣不能夠帶女人，過一陣子就回來，你的生活由他來照顧；他指著岸上的軍官。那軍官說：「格老子的，你的女人憑什麼要我管！」「我留給你龜兒子一筆錢了呀！」「你那點錢沒個基巴用，到下個禮拜就只能買兩隻燒餅了。」「我日你先人的板板……」雙方同聲咒罵了許久，少婦的話都說盡了，她便以刺耳尖銳的嗓音重複地喊叫：「儂（你）姆阿（沒有）良心！儂姆阿良心啊……」聲淚俱下。

下午還不開船，江南地區午後的太陽真的滿厲害，甲板給曬得滾燙。士兵們就撐起軍毯來遮陽。船頭有又一陣騷動，大家在叫著：「加油，加油！」我們過去看熱鬧。有個小夥子雙手雙腳都攀在鐵纜上，就是那根從船上拋下去綁在岸邊石頭墩子上的粗鐵繩子。他正攀到鐵纜的一半，沒力氣了，身體就懸在輪船與碼頭的中間，距離船頭還有十幾公尺，如果撐不住這小夥子就要掉進海裡去。他大概真的很想搭美信輪去台灣，不讓他上船他就出這個怪招。

小夥子吊在那兒喘氣，岸邊有兩名警察衝過來，衝著小夥子大叫：「你快給我下來，我要開槍了！」其中一名警察真的掏出手槍來，做狀要射擊。船上的士兵此起彼落的呼叫：「不准開槍，他媽的老子的火力比你強得多。」真的有幾個士兵舉起步槍來，晃動著給警察看，結果沒有人開槍。

那根鐵纜繩只鬆鬆的將輪船與石墩子連起來，小夥子在鬆鐵纜上攀爬很費勁，突然他鼓足了勁，兩手兩腳交換運用，猛的一口氣爬上了船頭，船上的士兵們給了他一陣英雄式的歡呼！小夥子累到虛脫，坐在地上掩面痛哭，用手擦眼淚，他雙手沾滿了鐵纜上的機油，手上黑機油的底部滲出大片鮮血來，抹得臉上一片片的黑紅交錯。

母親說外面太亂了，小孩子們都給我乖乖的待在房間裡，誰也不許出去。把玩母親隨身帶著的化妝小鏡子，很久沒照鏡子了，突然見到鏡中醜陋的我，真嚇壞了自己。梁大夫的脫髮藥水好厲害，我的頭髮幾乎完全掉光，只剩下周遭一圈細頭髮和頭頂上疏疏落落的幾根毛，而且禿的部分是完全精光，連頭髮根好像都看不大見，我是不是就這樣永遠的禿下去？哥哥幸災樂禍，說你以後剃頭的錢都可以省下來去看電影，將來去當和尚最合適。媽媽找了頂帽子，將我那顆賊亮賊亮的腦袋給扣上。

半夜裡靜悄悄的，美信輪離開了上海。出海才一會工夫，風浪變得大起來，數小時後，船顛簸得猛烈，左右搖晃還挺好玩的，它又會來個大幅度的上下竄動，那更叫刺激。梁伯伯頭一個招架不住，然後三個大人嘔吐不止，大家都乖乖躺下，誰也睡不著，難受的哼哼唧唧的。

第二天早上風浪小了些，我偷偷的溜到外面去，大人都陷入半癱瘓狀態，管不了小孩子了。好奇怪，昨天甲板上還躺了好多人，現在是空蕩蕩的，那些士兵都給沖到海裡去了？我跑到底下的貨艙去，裡面擠滿了人。上次船長把我們從貨艙裡轟出來，說那個地方不准閒人進去的。我猜兵大爺手裡都有「傢伙」，他們才不聽船長的哩！

我撿到一隻鋁茶杯，在杯子的把手上綁了根細繩子，跑到船尾去撈海水，因為船尾最低，距離海水面沒有幾尺。還是必須要扒在欄杆上，雙腳離地的去取海水。來了陣大浪，船尾掀動得很厲害，我的肚子貼在欄杆上，頭和腳都是懸空的，在那兒上下晃動了好幾下，手緊握住欄杆，幸好沒有給翻了下去。鋁杯子撈上來的海水，味道又鹹又苦又澀，比梁大夫的脫髮藥水還要難喝。那個被上海少婦罵他沒良心的軍官，在船尾角落安置了一個窩，正愁眉苦臉的靠在那裡。我鋁杯子裡的水灑了點在他附近，他吼著：「死孩子！」我一溜煙的跑開。

在過道上遇見輪機長，他喃喃自語：「格批丘八老爺到處拆爛汙、烏搞，急得我頭上出油。」他問我你們還好吧！我說除了我以外，其他的都在屋子裡躺著，吐酸水。輪機長笑了：「風浪會更加結棍，我們就快到合斯溝（黑水溝）了，伊達（那邊）的海是合色（黑色）的，無風三尺浪。」

在鵝湖全家福，父親的手杖刻有揮杖橫掃五千軍。

基隆港就在不遠。我跑回房間叫大家：「快點去甲板呀！他們說可以看見陸地了。」母親再清點了一次捆綁好的行李，我拉著她的手去甲板上看台灣。船上的乘客都擠在那兒，頂著亞熱帶的驕陽，瞇起眼睛來望向遠方。

大海的盡頭，出現了與海水不一樣的短短地平線。大家指指點點的談笑著，在藍天白雲的下面，地平線愈來愈清楚。我們兄弟倆一左一右拖著母親站在最前頭，海風迎面吹來。陽光曬在媽媽蒼白卻帶有微笑的臉上，這一趟行程可把她累壞了，昨天暈船暈得好嚴重，現在精神才好了些。

美信輪緩緩的駛入基隆港，見到岸上有好幾棟洋房，頭一次看清楚高大的椰子樹，光溜溜的樹幹，長長分開兩邊的葉子都長在樹幹的最高處。碼頭上站著好多來接船的人，他們的面孔還很模糊，媽媽說：

「你們的眼睛好，快看看爸爸來接我們了沒有？」

距離太遠，看不清楚誰是誰。突然找到在人群前面有一位身材略顯矮胖的中年人，好像戴著副眼鏡，我馬上認定他是爸爸，我揮著手大聲呼叫：「爸爸！我們在這兒，我們在這兒！」

微弱的幼童嗓音，逆著海風，哪能傳得過去？我脫下帽子，抓著它拚命揮動，大聲的叫爸爸、爸爸。突然意識到自己的頭髮已經禿到一根都不剩下了，我朝著爸爸的方向喊：「爸，你看，我的頭髮都禿光了！」

頓時感覺到無比的沮喪，母親輕輕拍著我的肩頭，我轉過頭來說：「媽，我禿得這麼難看，見到爸爸多麼不好呀！」

媽媽的眼睛裡透著異常興奮的神采，綻放出罕見的燦爛笑容，她很仔細的給我戴上帽子，把禿的部分全都嚴嚴實實的掩蓋住了，然後說：

「傻孩子別擔心，禿不禿頭爸爸還是跟以前一樣的疼你。到了台灣你的頭髮馬上統統會給我長出來，長得又多又濃又密。以後我們在台灣會很好的，什麼都會很好的。」

很清楚的看見爸爸就站在碼頭人群的最前面，眼鏡被陽光照得一閃一閃的，他好像胖了點兒，頂上的稀疏頭髮隨著海風飄動，笑容滿面，為了要引起我們的注意，他不停的揮舞那支抗戰時期就形影不離的竹手杖，上面刻有詩句：

「揮杖橫掃五千軍」。

後記一

魏伯伯名魏建功，他是台灣第一任國語推行委員會主任委員。《國語日報》正在緊張的籌備發行，魏伯伯說他必須飛回北平一趟，幾天就回來，北平隨之易手，魏伯伯再也沒有回台灣。多年來他是北京大學中文系的名教授，曾經擔任北京大學代理校長，桃李滿天下。

一九七一年秋天，我參加了「保釣訪問團」，自美國去中國大陸訪問，我要求接待單位安排會見親友，提出好多名字來，都說時間太急促，不好安排，唯一見到的是魏伯伯。他親自來北京飯店看我，讓我覺得非常失禮。一開門就認出他來，老了許多的馬頭伯伯，比我記憶中瘦小得多。他頭一件事就問《國語日報》怎麼樣了？我據實以告：《國語日報》在台北市的福州街蓋了大樓，發展興旺，幾十年來《國語日報》是台灣小學生天天必讀的報紙，孩子們個個靠著這份報紙學好語文。

當年在台灣一同致力於語文教育的諸位老夥伴呢？就我所知道的一一作答。他最關心的是老友茀青，還好嗎？爸爸已嚴重中風十多年，昔年精於語言藝術、詼諧幽默、旁徵博引、語驚四座的茀青兄，自此喪失了說話的能力。魏伯伯聽了之後沉默良久，我們談了整整一個下午。

後記二

一九八〇年代初期，我在美國華盛頓DC附近的某大學教書，接獲好友張明明的電話：「你的老同學小左，正在我家裡坐著呢！」明明是張恨水先生的長女，也曾在北平的二附小讀過，比我低兩屆，我們常聊起二附小的事兒。明明和小左他們兩家子是世交。

三十多年之後的小左，在身高上還是沒太大長進，模樣卻依稀能找到小時候的那個譜子。「小左，怎麼樣了呀？」他從二附小畢業保送師大男附中，然後考上北京大學數學系。經過了一連串的政治運動，專業並沒放下，現在是廣州華南師範大學數學系教授，因為英文還過得去，就被派來美國進修一段時間。「左氏數學定律發明幾條了呀？」一條都沒有，正憋著勁趕幾篇論文出來呢！寫不出來真沒法子交代。

老友重逢，一晚上可沒少喝。後來我們一齊用李老師的唐山口音，朗誦〈可愛的中華〉：中花（華）中花（華），可耐（愛）的中花（華）……

小左回到廣州之後，給我來了封信：「三十多年後有機緣相會，實屬難得……，希望今後能多見幾次，別再隔個三十多年了，因為咱們已不剩下幾個三十多年。」

三十多年又過去了，我們還沒有再次碰面。

【附錄一】

我的父子關係

那一年的大年三十晚上，和父親一同從北平來台灣的幾位學生，都是二十來歲的單身漢，聚在我們家的日式房子裡，大家席榻榻米而坐包餃子。父親當年五十出頭，禿頂，體重超出規定很多，滾筒式的肚子很搶眼。每餐非肉不飽，數十年來一直認為天下最好吃的食物就是餃子。年三十晚上的這一頓，他一定要親自監廚，餃子必得豬肉白菜餡的，由他親手用一條新毛巾包上剁碎了的白菜，一回一回的擰出菜汁，碎菜碎肉攪和在一口大鍋裡，醬油和其他調味品一絲一滴地往裡倒。攪不上五分鐘就得用筷子沾點兒餡兒嘗嘗，然後大聲咂嘴，表示得意。他誓死反對在任何菜餚中放味精，二十分鐘之後，再聽見他咂了一聲：「這味道才算進去了。」

新剝的大蒜，像小肥豬似的堆滿了一海碗，一盤盤的熱餃子，很快的就被壯漢、半大小子迅速的消滅掉。他的名言是：「每回吃餃子都吃成個齊景公（齊頸），呵呵呵。」然後他在脖子上橫著比了一下。

在那個年月他的食量與聲量都甚宏。照例，吃完餃子得喝餃子湯，父親頗不雅地大聲喝了口極燙的餃子湯，說：「啊好，原湯化原食嘛！可是吃完油條又該喝什麼呢？呵呵呵。」

以前每個年三十晚上都是這麼過的，吃完餃子就聽父親和他的學生們講北平的故事和一些老笑話，挺熱鬧。

上了初中之後，我漸漸地對自己的老爸有幾分不大佩服。首先是他的儀表；原本就不夠修長，不忌口之餘體態日益臃腫，更加上他不很注重穿著，未免不時的弄出些笑話來。有次陪他坐公共汽車，從他那件過於肥大的西裝裡，竟緩緩的掉出一隻鐵絲衣架來！大熱天吃飯，他總是在肩頭搭上一條灰不溜丟的毛巾，不時的用來擦額頭或腋下的汗，還念念有詞：「真古之翰林（汗淋）公也！」

最怕的還是同他上中華路攤店上買東西，這一路的討價還價委實的沒完沒了，一塊錢能爭得面紅耳赤，更使出渾身解數，套交情、講義氣。一旦聽出對方說話的口音約莫是長江以北來的，他立刻能攀上個老鄉，於是敬菸、泡茶，重新討價還價起來。有這麼位相當小氣的爸爸，我的確很難引以為榮。可是他老帶我上中華路，因為他偏心，專疼小兒子。

再年長了幾歲，西化漸深，對老先生的批評更多了。父親的英語頗為有限，洋歌洋曲子一概聽不下去。他吃飯發出的音響效果很強，特別是喝湯的時候。人人都說他談吐風趣，久而久之我早就聽熟聽膩了他的笑話。青少年時期的叛逆，有時候也不是禮教、權威甚至於親情可以壓得住的。於是我逐漸意見甚多起來，進一步演變成態度不遜。對著父親當面搶白有之，嗤之以鼻也屢見不鮮。記得也曾有過鎮壓申誡的場面，但是都沒有什麼效果，最後是息事寧人，大家都少說話免得嘔氣。

在父親患病前的那天晚上，一家人吃晚飯，一向食量甚好的他突然又吃不大下的樣子，盛了碗湯很大聲的喝著，湯水順著他的嘴角流到到桌上。我於是近乎粗暴的說：「喝湯怎麼喝成這副樣子！連最基本的餐飲禮貌也沒有！」

然後我發現父親在流淚，當時不加思索，依舊很暴戾的說：「哭什麼嘛！這又有什麼好哭的？」

那時候全家人早就聽慣、見慣了我的粗暴不仁，誰也不答腔，只求安安穩穩的吃頓飯。父親放下湯碗，用那條發灰的毛巾擦嘴擦桌子，一句話沒說，嘴巴向一邊歪著，一拐一瘸的上床睡覺去了。

當晚父親送入了台大醫院，情況嚴重的中風使他半身癱瘓，喪失了語言能力。出院之後，他像個嬰兒似的牙牙學語，是否有成人的理解力大家始終存疑，因為他再也沒有當年的表達能力了。有時候我陪他在巷口散步，要堅持運動才能維持正常行動。偶爾也和他說說話，希望他能恢復一點舊日的談笑風生，但是通常講幾個單字之後，他就坐在藤椅上傻笑。

出國數年，母親經常寄來照片和談家常的信，父親還是那個老樣子，病情不好不壞，能吃能行動，講話沒大進步。照片也幾乎是一成不變的：禿頭老人、嘴巴半歪斜、坐在藤椅上傻呵呵的笑著。

父親去世前後，我因為參與了要「開萬世太平」的大業，被列入黑名單，不敢回台灣，沒有見到他最後一面。事隔經年，一想起那天晚上我在餐桌上的暴言惡語，心中總會耿耿不能釋懷，繼之以無比又無助的愧疚！或許父親當時根本就沒有聽見我說什麼，或許他中風以後記憶力喪失泰半，完全不記得這回事了，更也許他在心中呵呵一笑，說了句：「這小子今天又撞上邪了！來這兒跟我犯渾哩！」

我老是這麼希望；希望他確實就是這麼想的，希望他就這麼忘記了。但是這是個永遠得不到證實的希望。

俱往矣！如今算一算我自己做父親的經歷也十分資深了。多年前一舉得男，相當得意，兒子長得漂亮、聰明、能說會道的，帶到外面逛市場，每每都招來一大群美國老太婆圍觀，讚嘆之聲如響焉。父子形影不離，情深得厲害。

兒子長得不像我，否則他也漂亮不起來了，但是他的舉止脾氣與我神似之極，一時在親友間頗為傳頌。但是好景不長，我的婚姻出了問題，協議離婚後，孩子歸他母親撫養。兒子那年才六歲，硬生生地父子分離，我幾乎不能自持。然而當時還年輕，狂妄自大意氣風發，多少天下興亡的大事業等著我去做，大丈夫豈能被婦孺之私所牽絆？

我孜孜地忙著自己的大事業去也。每個月定期寄錢過去，差不多每週與兒子通電話，暑假時他來我這兒住一段時期。然而天下的興亡自有其區處，與我沒有什麼相干，十數年下來，也沒啥成就可言。半老之身堪可餬口而已。兒子上了大學，體健、無不良嗜好，就在我教書的那所大學就讀，父子二人也就逐漸親近起來。

我們經常談起過去的事兒。兒子對我這個不稱職的父親指責頗多，有幾項比較嚴重的罪狀：

其一：濫交女友，使得兒子每年與我這個不稱職的爸爸共敘天倫時，屢屢造成生活上的困難與心理上的不適應。有關這條罪狀，我只能俯首認罪高呼開恩，所幸這個問題已不存在，我從良再結婚有年，生活穩定。

其二：吃生魚片事件。兒子八歲那年，暑假興沖沖的去我那兒小住，當時的女友儼然已有入幕之賓的姿態，她要輔導我兒子，倡言：小孩子應當極早開發智力，擴展經驗，譬如吃生魚片之類的。

當晚去了間日本餐館，強迫兒子吃生魚片，小孩抵死不從，又哭又鬧，十分丟面子。結果演出了一場廁所訓子，兒子勉強吃了半片生魚片。

此事留給小孩極深的印象，打擊很大。因為他認為父親在陌生人面前竟然不維護自己兒子的權利和感情，真教他覺得是個孤兒了！但是那時候的我，哪裡有這個敏感度呢？

其三：兒子有次患腎組織破壞，住院數週，情況一度很危險。醫生曾說過，必要時需要我輸血，以備不虞。當時我大約又忙著些所謂濟世救民的偉大事業，或是與某女士糾纏些私情閒怨的事，一再拖延探病的日程，兒子的病突然奇蹟般的復原了，結果我也沒去探病。

沒有用心照顧他的病，是我心中的一大歉疚，委實不能提起的，再怎麼說，這個做爸爸的實在是他媽的很差勁。兒子是個大人了，偶爾想起這些事，卻最多是衝著我吼兩句，讓做爸爸的面子上掛不住而已。兒子說他會早結婚，找一位好女人，同她生三個小孩，用心的帶孩子。

人活到這個份兒上竟然到了個新境界！好像做兒子和當父親的任務都完成了，雖然平心而論，我在這兩份成績單上都是赤字過多。還是輕鬆不下來，做丈夫的任務兀自未了。自己的脾氣多年來未能因吸收日月之精華，而有所提升或淨化，妻的性格剛烈，總懷有一種莫名其妙的是非正義感。不時地家中會演出相當暴烈駭人的叫囂，聲聞戶外，再鬧急了，更有我敲牆跺地、自傷筋骨的愚蠢尷尬場面。妻是位急起來要一逞口舌之快的人，於是就屢屢戰況壯烈起來。

事情緊急我們會打電話向兒子求救，這種父子易位的狀況，很令人發噱。不怕丟人，反正他是自己的兒子嘛！老倆口子爭相先向兒子告狀，各訴衷情。但是這些日子我發現兒子總是與妻站在一條陣線上，他常常對我有訓辭，曰：

「我的觀察，她算是對你好的女人，和以前的那幾個不同，你以前的那些女朋友，嗤！」「沒有大事你們都少說一句，為了我少吵些可以嗎？出了事怎麼辦，我還指望你繼續付我的學費呢！」「知足點吧！你已經老了，她要是不管你，將來你怎麼樣，還想找另外一個？就憑你的運氣，算了吧！」

兒子簡直有倒戈的意味。

兒子中學畢業。

但是我們仍舊不時地會反唇相向。今天一大早又為了件屁事，雙方的音量都大到震耳欲聾的程度，氣氛醜陋。妻怒沖沖的頂著大太陽出門，何苦呢？

郵箱裡有兒子寄來的一張卡片，今天又是父親節了。兒子的卡片通常都挺幽默的，寫上兩句歪詞，消遣消遣老頭子。這張卡片有一隻戴眼鏡的狗，正捉摸不透，翻過來見到他挺工整的寫了數行英文字：

「父親節快樂，請你們和睦相處吧！因為人活到最後，你所擁有的也只是那幾個關心你的人。」

嗨！一時百感交集，止不住的老淚縱橫起來。

妻從外面回來，怒氣消了大半，正在低頭換鞋，她的額頭沁出幾顆汗珠子。我說：

「喂！有沒有同你講過我爸爸過年包餃子的故事？」

【附錄二】

朱大哥生我的氣了

朱大哥和我聊天一向都是笑瞇瞇的，今天晚上他的表情嚴肅。他問：「你回台灣是怎麼申請的？」「去紐約市台灣代表處呀！住在美國東北部不都去那兒辦的嗎？」

朱大哥正吃著一顆軟柿子，不去皮一口咬下去，滿嘴的柿子肉，然後嘟著嘴慢慢吐皮出來，不得閒說話，我遞過紙巾等著他擦好嘴巴。他接著問：「這個我知道，你是台灣警察情治單位黑名單上的人物，辦簽證沒那麼容易，他們叫你進去談話了嗎？」

朱大哥對這些事當然最清楚，我一五一十的同他說。一天接到三次台灣來的電話，母親病重，再不回台灣恐怕會見不到她了。次日一早就到了紐約市的台灣代表處，填就表格，交上照片、費用、護照，然後坐在那兒枯等。

很久之後一位英挺的年輕人過來，帶我進了後面的辦公室。辦公室很寬敞，一張大辦公桌後面的牆上，掛了幅巨大蔣經國微笑玉照，桌旁矗立著一面青天白日旗。年輕人禮貌的問我申請回台的原因，老太太住哪家醫院，病情很嚴重嗎？他邊做筆記，然後起立點頭，請我稍候片刻，就進去了。又等了好一會兒，心中七上八下的，不孝子如我，萬一母親等不及我回去，那就是一輩子的愧疚！怪誰呢？自己做的決定，承當後果的人也就是我。一位中年官員拿著一份卷宗出來，年輕人隨在身後，介紹這位是XXX少將處長，然後他退出去帶上門。

處長聲如洪鐘，他說：「我們對於這種人倫大事是很看重的，但是你的情況就比較特殊……」

情況特殊極了；在尼克森總統還沒訪問中國大陸之前，我就參加了「保釣零團」，自美國到香港，透過特別安排進入廣州、北京等地，在大陸參觀訪問整整兩個月。台灣報紙的頭版頭條寫著：五留美學生投匪為文化特務，赴匪區受訓……名字一一列出，罪名大了，吊銷護照，當然都上了情治單位的黑名單。這是我頭一次申請入境台灣。

處長翻閱著那份卷宗，沒問我什麼，只不斷在的說明立場與政策。你母親住在榮總醫院？那是一流的醫院。最後他說，這次就以特別專案來處理，准我一次入境，可以停留兩週。我忙著點頭感謝，少將在我的美國護照上蓋印簽字。

朱大哥聽得仔細，手中還拿著半顆柿子，他問：「那個處長叫什麼名字？」「忘了，我有他的名片，沒帶來。」「他講話是什麼口音？」「講蘇北話吧！他的屬下叫他少將。」「喔！」他好像知道我在說誰了：「你叫他少將，我當他是一根雞巴毛。」

從何說起，朱大哥幹麼對此人意見這麼大？

我們兄弟長年居住國外，老哥有時還回台灣探望老人家，我因有案在身，二十多年根本不曾盡過孝道，母親的晚年多由朱大哥在照顧。這段因緣說來真的非常奇特。父親去世之後，媽媽覺得家裡多出一間房子空著也是空著，她登報出租，朱大哥是她的房客。這個房東房客的關係居然出奇的和睦，也令我們兄弟頗為詫異，因為老母在生活上的要求甚多，超級「龜毛」，一般人多數吃勿消。朱大哥有耐心、愛心，擅長與老年人相處。親友都說，朱大哥既尊重又關懷我們老母，照顧得無微不至，孝順兒子恐怕都及不上他。

有道是：父母在不遠遊。那個時代的情況特殊，大學畢業生在台灣連個工作都找不到，紛紛出國，長年在國外瞎忙著討生活，面對「孝親」二字，簡直惶恐到抬不起頭來。當然是老母前世修來的福報，在她的晚年生活中，出現了一位他方孝子。於今我們也在暗中慶幸、感恩。

好不容易突破了黑名單障礙，離開台灣二十多年後方得回來。和朱大哥相處了許多天，因為時差嚴重，每晚同他談到深夜，覺得此人是位經歷不凡、知識廣博、背景特殊，肚子裡有故事的人。

十五歲家裡就給他討了兩房媳婦，日子過得挺美的。共產黨快來了，身為大地主之子，家裡安排他離開蘇北老家，帶著足夠的盤纏往南走，先躲一陣子，等共產黨離開局面安定了再回家。沒有料到這一走就是幾十年，再也沒回去過。

朱大哥一路跟著人潮到達香港邊境，走投無路，情勢緊急就在那時加入了組織。我問加入的是什麼組織，他沒答腔。有任務在身，他們就得到掩護，可以隨時出入香港。去內地幹什麼？替國家做事情呀！打探情報、處理叛徒……忙得很，年紀輕身體棒也不怕累。朱大哥的第一次殺人經驗發生在新界邊防地帶，他們要趁著深夜返回新界，運氣不好撞上了巡邏的英國軍官，英國佬用手電筒照在一個兄弟的臉上，正待束手就擒的當兒，朱大哥躡手躡腳的摸到英國警官的身後，用麻繩套住英國警官的脖子，死命緊緊勒住，背對背的揹著那人往灌木叢中跑。

「唉呀，那時候年紀輕沒有經驗哪！套他的麻繩太粗，費了好多工夫才解決掉。往後我們就只揀細麻繩來用。」

出任務的事講不完，聽得我興趣大極了，也對朱大哥肅然起敬，這是位出生入死，經歷過大小陣仗的漢子。

後來香港的局勢有變化，不能繼續留在那裡，組織就接他們到台灣來。後來都在那兒服務？還不是聽從安排，替國家做點事情嘛！年紀也有一把了，能做什麼就做點什麼。現在沒事就研究做幾道小菜，揚州菜絕對是世界上最好吃的東西，但是做得入味不容易，你看最普通的揚州炒飯，台北市有哪家餐館及格的？都不道地，今天中午吃了我做的揚州炒飯是不是，味道就是不一樣！竅門在火候的掌握上面……

這些年老母的口福不淺，朱大哥每日做精緻的揚州菜給她吃哩！老母喜歡打個小麻將，牌搭子不好找，因為老一輩的打十三張麻將，他們比賽做大牌，胡下來算番算胡算得轟轟烈烈；平胡、斷腰、姊妹花……雙龍抱柱，打牌的速度緩慢。最重要的是要吃一頓好的，朱大哥負責給老太太安排牌搭子，又出門去買新鮮魚蝦肉，做出一席揚州菜來，供老牌搭子們享用。

朱大哥同我們聊起當年在家裡當大少爺的風光事兒，言語間時常流露出他對老家、對他母親的強烈懷念之情。他父親只管居家納福，大小主意的都是他母親來拿，為兒子討來兩個媳婦，一個能幹一個貌美，可惜還沒來得及生個一男半女的，他就倉皇南下了。這些年自己的工作性質太敏感，他從來不與大陸親人聯繫，怕連累他們。

從他的敘述中感覺到，他母親與我們老母甚有相似之處；生活紀律化、是非分明、不善於表達感情、對兒子的要求高、兒子若令她失望，不會當面責罵，卻在暗中垂淚。或許是朱大哥對我們老母產生了「戀母移情」作用，所以能真心奉侍，日日承歡膝下起來！即便如此又有何不妥？老母晚年過的日子算挺滋潤的。

母親去過美國，曾經分別和我們兄弟住過一段時期。住在我那兒的時候，生活寂寞單調，我一早出門上班，回家來最早也是傍晚時分了。整日老太太一個人在家，週末有時找朋友來陪老母打麻將，但是我那批朋友的麻將水準一律很抱歉，高低手對招，高手會玩的痛苦，吃的那一頓就更不能提了。後來她堅決不肯住美國。

我老哥不在黑名單內，回台灣的次數多，他對朱大哥比較瞭解。好幾次他頗為肯定的認為，最初朱大哥成為母親的房客並非偶然，他是負有任務來的。「什麼任務？」「是衝著你來的呀！你那時候不是共匪的文化特務嗎？」

開玩笑，像我這樣的人最不適合做特務：長相特殊，人家見過一次就會記得；胸無城府，肚子有點話就全盤說出來；體格普通、膽子不大，冒險犯難的事不敢碰。保釣運動的保皇黨討厭我，嫌我說話太損，隨手給我扣上了文化特務的帽子。我沒那麼重要，這些人竟然把我當真，派人去老母那兒臥底？

「你真的沒有個屁重要，但是那個年月國共隔閡太久，」老哥分析：「誰也不清楚對方在做什麼，你們是第一批從美國潛赴大陸的台灣留學生，在大陸待了兩個月，見過什麼人，談了什麼事，留給別人的揣測空間太大。我要是台灣特務頭子，也會派人來個專案處理。你又是個不孝順的兒子，根本不常給媽寫信，每封航空郵簡都是潦潦草草的沒有幾句話，報告的事是跟誰離婚了，又和誰結婚了，換了新工作，老母根本不曉得你搞些什麼名堂。」

「我看朱大哥的這項任務，並沒有完成得很好。」我下了這麼個結論。

後來大夥親如家人，朱大哥對他負有的任務也不隱瞞，反正他總要替國家做點事情嘛！朱大哥對我在美國的種種，卻知道得很清楚。他告訴過我一些連我自己都不知道的事。有次晚餐畢，大家喝起小酒來，朱大哥說：「你在美國讀書的時候是不是認識一個姓洪的同學？」

「有哇！小洪讀機械系，比我晚一年，他經常和女朋友來我家打麻將混飯。我們還有個籃球隊，天天玩在一起，熟得很。」

「那個人真叫要不得，他同你那麼要好還拚命寫報告講你的壞話。」

「真的是小洪嗎？不會吧！」

「怎麼不是他，他打過來的報告落起來有這麼厚，我統統看過，多數就在講你，沒有一句好話。」朱大哥用手在膝蓋處比了　比。他媽的小洪居然給我來這一套！

三十年一轉眼就了無痕跡的過去了，長一輩的親人一一往生。

老哥發來一封伊媚兒，說最近整理書房，找到一封老母託他帶給我的信，因為他那陣子業務太忙，竟然把這事給忘記，現在找到了就以電腦掃描建檔，一同發過來。他還有壞消息，朱大哥最近因病去世。

朱大哥的年紀也不比我們大很多，身體看來挺健壯的，怎麼突然就走了。開始責怪自己這些年來總是慌慌亂亂的不知道在忙什麼，與眾親友一律疏於聯絡，尤其是朱大哥，他在母親最後的那段日子裡替我們盡了無微不至的孝道，欠下的這恩情永遠無法償還。後來這些年，我又沒有經常與他聯絡，做人怎麼可以如此的冷漠寡情。

母親託老哥帶給我的信是她去世前兩年寫的，密密麻麻寫了兩頁，字體一如過往，流暢剛勁有豪氣，文字一氣呵成。除了照例關心我的事業與婚姻生活之外，最重要的訊息是說，她有特殊管道可以為我辦妥回台灣探親，但是要絕對保密！不要直接在信上講這事，下次哥哥回來當面詳談。母親在「絕對保密」四個字旁邊還密密的畫上許多圈圈。

老母寫這封信時，身體還很健康，她一直都盼望我能早日回台灣相聚。我再三讀那封遲到三十年的信，突然明白是怎麼一回事了。母親所說的特殊管道就是朱大哥，朱大哥負責這項任務十多年，他已完全清楚，我這個「文化特務」沒做什麼屁事，後來就去拍自己的電影了。目睹母親如此念子心切，他願意運用關係促成我回台探親，同時也可以了結本案，上報業績。可是陰錯陽差，老哥竟然沒有將這封信帶到。

母親病重我急著去紐約代表處申請簽證，根本想不到應當通過朱大哥來辦這件事，也因為那時候我還沒見過他呢！結果那個雞巴毛少將接辦了我的案子，業績就讓人家白白揀去。搞成這樣的結果非常對不起朱大哥，怪不得那次朱大哥真的很生我的氣。

有一年我們一起去陽明山掃墓，山路崎嶇朱大哥爬坡就會發喘。每次他總要帶上許多冥錢在墓前燒著，這回他又在大把的燒起來，我說：「少燒一點吧！造成空氣汙染多不好。」「不行的，一定要多燒，」朱大哥說：「母親在那邊一定經常打麻將，又死愛做牌，要是幾圈不開胡她心情就不好，手氣變得更壞。你看我帶來好多錢，這邊還有美金，多燒點美金，就是輸了也不怕。來，燒美金燒美金。」

一下子濃煙瀰漫起來，墓碑在煙霧後面變得朦朧了。墓碑上刻有我們的名字，在墓碑右邊中下方部位，刻的是：義姪朱ＸＸ。

【附錄三】

當我們同在一起

終於到了空軍公墓，我四十年前就該來的。兩名替代役小夥子又蹦又跳的在前面領路，捧著兩小盆蘭花，進入一片墓地。放眼望去，地面上斜躺著好幾百塊尺餘見方的水泥墓碑，排列整齊，就像入伍訓練早點名時的隊伍。志立哥的墓碑在哪裡？六百三十二號，順著號碼慢慢找。

水泥墓碑上的字跡相同，寫著每位飛行員的簡短履歷，文字呆板，這就是軍中的制式處理吧！六百三十二號水泥墓碑在兩棵小松樹的下面，將蘭花並列在碑前。仔細讀水泥碑上的字：李志立，少校飛行官、籍貫、年齡、空軍官校ＸＸ期畢業。於民國ＸＸ年Ｘ月Ｘ日駕機服行照相任務，因公殞命。

墓地簡陋如此，居然還用「殞命」這兩個字！志立哥出生入死在空中巡邏千百次，因飛機機械故障而失事，再冷酷無情，也算是因公殉職吧！「殞命」是個帶有侮辱性、貶意的詞，以此來敘述一位英挺飛行官的人生完結篇？我頓時怒急攻心，想縱聲而吼，世間無道，就把人當作一次性使用的消費品，倫常喪盡如斯！衰老無力的我，又去哪裡爭辯？佇立在碑前很久。

志立哥本名家隆，是我幼年最要好的朋友。那年我們都還是年輕小夥子，我陪他去體格檢查，操場上簡單搭起來幾個帳棚，三五成群的考生，結伴等候在帳棚外。那時的體檢簡單，量身高體重、以聽筒聽聽心肺等。眼睛的檢查較仔細，醫生翻看數據，然後問：「你是來報考空軍官校的？」「不是，」志立低聲回答：「我考空軍機校。」「喔！你的視力很好，考官校也合格。」

下一間帳棚要檢查肛門。醫生叫志立把褲子脫下，他順勢就蹲了下去。醫生覺得奇怪，說：「你這樣蹲著叫我怎麼檢查肛門呢？」我頓時大聲的笑起來。走出帳棚，志立在我耳邊低聲狠狠的警告：「你小子要是把剛才的事講出去，我就宰了你！」體檢順利通過。放榜那天我們一早就去了，他的名字赫然列在空軍官校的錄取名單上。我驚呼：

「你報考的不是空軍機校嗎？」

「唉！」他露出笑容，說：「要是行的話總該做個天上飛的吧！」

事態嚴重，志立的母親堅決反對兒子當空軍飛行員，認為那個職業太危險了。我問他：「你做了手腳呀！回頭怎麼向阿姨交代？」「筆試前改了報考志願。沒問題，老娘那邊我擺得平。」

我們叫志立的母親阿姨，從有記憶開始，阿姨和我媽就是好朋友，兩家小孩是一塊長大的。阿姨早年失婚，工作不穩定，帶著兒子志立到處奔走。志立一直換學校念，他的數學和英文的基礎功夫就不扎實。他常把 English 說成「陰溝流水」，感嘆自己陰溝裡的流水總是不通，應該多掏陰溝才行。

後來阿姨再嫁，志立才穩定的在一所工職讀土木科。測量是他最喜歡的科目，畫出來的測量圖漂亮到能藐死人的。大學聯考這一關不容易過，志立沒考好，分數較差的正是英文和數學。我們私下討論過，安下心來好好上個補習班，猛掏陰溝，明年重考一定沒問題。阿姨有一天同她先生商量，提出能不能讓志立上一年補習班？做繼父的面色嚴肅，從頭到尾不搭腔，阿姨也不好再提了。

記得那天下午，我和志立在路邊攤吃完福州餛飩麵，然後在街上亂轉，他突然爆跳如雷的大叫：「媽的臭！媽的臭！——他也配！」我完全知道他為什麼發火，但是又能怎麼樣呢？我問：

「你打算怎麼辦？」

「考軍校，不相信自己走不出一條路來！」

志立同他老娘商量要投考空軍官校，阿姨急到發狂，跑到我們家來向母親訴苦，又拉住我說：「你和志立是好朋友，叫他千萬別去幹那種最危險的職業，我只有這麼一個兒子耶！」然後阿姨就淚崩不已。母子達成協議，只准考空軍機校，可是後來阿姨怎麼又同意兒子上官校，詳情就不太清楚了。

我一直認為要志立補習的事遭到拒絕，是阿姨的時機沒掌握對。他們夫婦都愛打麻將，經常來我們家搓八圈，而且搶著上桌。那天家中只有一桌，阿姨在一旁看了四圈的歪脖子胡，大家站起來搬風，她先生並沒有讓賢的意思，正要在北風位子坐下，阿姨忍不住了，一個健步竄上去，順手將北風座的椅子往後一撤，她先生不察，一屁股坐下，當場摔了個四腳朝天大屁股蹲。他站起來滿臉通紅，不發一言到玄關穿鞋子回家了。阿姨若無其事的坐下來搓麻將到半夜。得來消息，「屁股蹲」事件發生後第二天，阿姨就提出要志立上一年補習班，人家還在氣頭上呢！自然談不下去。

志立在空軍官校得其所哉，教官們認為他是個天生的飛行員，反應快、學習認真、表現優異、再難的技術他一上手就到位，人緣又好。他們在官校學的是啥，我搞不清楚，但是這些臭小夥子放假出來耍，就滿罩的。你看嘛，一個個身材筆挺，制服耀眼，戴上最時髦的墨鏡，每位的舞技都有兩把刷子，會說會玩會鬧，在任何派對裡，女孩子就對這批傢伙另眼看待。什麼國立大學電機系的學生，見了美女訥訥不能言，下場跳舞四體不勤，還經常踩到女伴的腳，很遜。那陣子常跟著官校的帥哥跑舞會，如果碰上洋妞兒，我才派上點用場，他們靠我翻譯。空官帥哥們的「陰溝」，多半不通。

畢業典禮那天，志立和他老娘在一架銀光閃閃的最新戰鬥機旁合影，勁風吹散了他老娘的頭髮，老娘笑得燦爛，志立的嘴角略略翹起，得意又鎮靜自若。他以後就要飛這種戰鬥機了。

我在ＸＸ大學女生宿舍門前枯等半個多小時了，漂亮小姐出席舞會前總要用心的打扮起來，男伴必須在此刻展現過人的耐性，以示效忠。一位穿短筒皮靴的空軍帥哥在我眼前晃過，追上一步看去，可不就是志立，他看到我「盛裝」的模樣便止不住笑彎了腰。我問：

「你約了誰？」

「等下子你就見到了。怎麼又穿這件香港衫，今年已經不流行了。」

「你這雙靴子怎麼搞到的？很屌耶！給我也來一雙怎麼樣？」

「甭想，這種靴子特別貴，替我省幾個錢吧！你應該先整頓一下你的上衣和褲子，這條褲子的顏色真垮，也太短。」然後他看著我，又笑得直不起腰來。

我感覺自己是個上不了檯盤的老十。一位青春豔麗型的美女，笑吟吟的快步走出來，志立迎了上去。不用介紹我已知道了，她是本校的僑生之花。心中暗罵：志立憑那一點，撈過界也撈得太狠了點吧！那一天我去告訴僑生之花，這位空軍帥哥的「陰溝」是不通的。

志立告訴我他與僑生之花的發展不錯，開始他還鉅細靡遺的講他們去了哪裡，趁機會做過哪些肌膚之親的細節，後來再問，他就來個微笑而不答了。還帶她去見過老娘。「你老娘怎麼說？」「她沒說什麼。」那女孩是一朵花，當然就招蜂引蝶的，與志立競爭的對手有好幾個，還有他們同一個隊上的飛官兒，戰況激烈而膠著。沒多久志立入選為「雷虎小組」第二隊，調到南部基地訓練，忙到不行，與僑生之花的關係隨之冷卻下來。

接到志立從南部寄來的一封信，字跡潦草。頭一段是好消息，上個月他已晉升空軍上尉，在同期同學裡面爬得算快的。下面是壞消息：最近摔傷了，正在ＸＸＸ醫院休養，所以字寫得像狗爬的一樣，這事千萬不能讓老娘知道。我搭車南下，剛踏入病房就被他的模樣給嚇壞了；紗布重重包起他腫起來的腦袋，頭幾乎和他肩膀一般寬。左眼嚴重淤血，門牙少了一顆半。

「不要嚇到跟孫子一樣，」他說：「腫已經消了很多，前天我那個模樣才叫不能看哩！」為了在地靶射擊項目上得高分，他飛得太低，射擊距離過短，地上的石子反彈回來砸進飛機擋風板，再擊中他的頭部。鎮靜的做好緊急安全降落，然後他就人事不醒了。

「以後還能飛嗎？」我問。「不知道，」他神情落寞：「醫官說我的傷勢不太要緊，就看眼睛的視力能不能恢復，以後再測試。」「要不就辦個因傷除役，」我建議：「你們不是有免考進入國立大學的辦法嗎？去讀台灣大學土木系嘛！到工地測量，繪制測量圖，泡妞兒，太好玩了。」

志立側耳傾聽，未置可否。「不過你如果下個學期才去讀台大，」我說：「你就是我的學弟了。」「我成了你的學弟？滾一邊去吧！」

這時候走進來兩位中年軍官，前面那位的聲音宏亮，他說：「李志立不要怕，我也被地靶石頭砸到過。」「指導官，我沒在怕。」

指導官脫下帽子，指著他額頭上兩吋來長的傷疤。他說：「你看看它砸得有多深，但是我堅持要繼續當天上飛的，這得先克服心理障礙，才能飛下去。你要是心裡老有個疙瘩，趁早不用想了。唉！國家培養一位優秀的飛官兒不容易。你好好安心養傷吧！」「謝謝指導官關心，我會很快好起來的。」

兩個多月後，陪志立哥去看他老娘，他的頭還微微的有點腫，門牙也來不及補。阿姨一見到他就驚呼：「是撞到什麼瘟神了，臉腫成這樣子。啊呀！門牙也少了兩顆！」志立哥含混以對，說是打籃球不小心摔了一跤。阿姨立即就相信了，然後不斷地碎碎念：「又不是小孩子，打球好玩嘛！何必那麼拚命，摔成這副醜樣子，還好沒有傷到眼睛鼻子，破了相又得去做手術……。」

志立哥當然沒有退役，在他的生活環境中，優秀飛行員得到最多的尊敬和獎勵，讀大學一切要從頭開始，充滿了未知數。他的視力恢復正常，便再度執行飛行任務，又加上特技訓練，以後就經常幾個月都不來台北混了。某日向我招認，他在南部交了個新女朋友，感情挺好的。「是嘛！」我不經意的說：「打多少分？」他怒沖沖的瞪我一眼，說：「喂，人家認真的在同你講耶！瞎扯淡我就不說了。」

這回可不是開玩笑的，我看了幾張照片，她臉蛋清秀，眼睛細長，笑起來情切切的媚氣逼人，身材無法挑剔，她就是他的正主兒。兩人幾天見不到面，就思念的纏纏綿綿，情書上寫滿了唐詩句子，多半是李商隱的絕句：碧海青天夜夜心、蠟炬成灰淚始乾、何當共剪西窗燭，卻話巴山夜雨時、穆王何事不重來？……

乖乖，這是何等境界，愛情能美成這樣，簡直叫人忌妒、痛恨致死！志立恐怕只有束手就擒了。「結婚吧！」我說：「最好在我出國之前，我還可以混個伴郎幹，租套禮服穿上過乾癮。」阿姨沒意見，只要兒子喜歡就好，女方家長卻全力反對。理由是飛官兒不安全，不希望女兒命苦做寡婦。父母愈反對，這對鴛鴦的愛心愈堅牢，他的女友曾憤而離家出走了一段很長的時間。

我匆匆出國留學，臨行前沒來得及和志立通電話，那年月打個長途電話到南部也是件麻煩事。到了美國偶爾與他通航空郵簡，互報近況。從信件中陸續得知，志立終於結婚成家，緊接著生了一兒一女。寄來一幀他們的全家福照片，神仙眷侶抱著一對叫人愛死的金童玉女，簡直美呆了。

志立一連來了好幾封信，最近又升了一級，官拜少校。上面派他飛新戰機，正積極準備去美國受訓，大概會在新大陸待上半年。這陣子他猛掏「陰溝」，就怕到了美國開口講話人家聽不懂，都是少壯不努力呀！我回信：自以為英文還算過得去，我下飛機一開口老美都會說，請再說一遍。別擔心，混一陣子對話就行了。很期待在美國重逢，又可以一起混混鬧鬧，其樂何似？我在這邊的糗事兒可多了，見面再仔細說。

幾個月過去，還是不知道他來美國的具體日程。

母親寄來家書，信中提到志立哥駕機出任務，然後就沒有回來。他媽媽的情況非常不好。接到消息胸中麻痺，呆滯沮喪到無法自處良久；為什麼這種事情會發生在志立身上，他美麗的妻子、叫人痛愛的女兒、小兒子以後怎麼辦？老娘怎麼承受得起那份永遠無法休止的椎心之痛？試著寫封信給阿姨，每次都寫不下去。

數年後，意外的接到阿姨給我的信：「小方：你知道阿姨是不太會寫信的，可是我求求你一定要幫這個忙，你媽媽告訴我你常跑大陸，同那邊的關係好。下次你去的時候，千萬要替我好好打聽，你志立哥是不是飛到他們那邊去了？如果他真的過去了也好，大概暫時不能同我聯繫——現在我每天就這麼盼望著！」

在大陸託了重重關係打探這件事，得到的答覆：沒有這項飛過來的紀錄。阿姨又來信告訴我，她的兒媳婦改嫁，帶著孩子們定居美國了。阿姨也準備離開這塊傷心地，趁著身體還好，也能吃苦，不如去美國闖一闖。她真的就一個人來到美國，在紐約市唐人街血汗車衣廠中打工、替人當保母，十多年後建立起經濟基礎，將女兒老公都接了過來。阿姨赤手空拳、咬著牙打出一片天來，她一句英文也不會講，根本沒有「陰溝」。我最佩服的現代英雄就是阿姨。

有一年我去紐約市看阿姨，老人家頭髮全白，精神還很健旺。她記得我的生日就在這幾天，見面就掏出一個紅包塞過來。我說：

「阿姨，我都這把年紀了，您還來這一套，無論如何也不能收。」

阿姨兩眼一瞪，目光炯炯的說：「你再大也還是我的孩子，我看著你長大的，給我拿著！」

李志立
總部作戰署
少校飛行官
南京
三十一歲
官校四十期
民國五十八年
三月二十日駕
機服行照相任
務因公殞命
0623

李志立（家隆哥）墓碑。

一生蹉跎，四十多年轉眼過去，今天終於來到墓地。

志立哥一直就蜷伏在這塊小地方？絕對不會，咱們的帥哥兒飛翔技術超群，他是《二〇〇一太空漫遊》那部電影中的宇航員，多次在宇宙太空中翱翔盤旋，穿越無與倫比的燦爛時空。

當晚我打長途電話給阿姨：「阿姨，我去了空軍公墓，和志立哥講話了。」

「那真好喔！你有沒有告訴他我身體還行，就是腿不聽使喚了，出門得坐輪椅。但是不用擔心，反正我一切都交給了主，感謝主……」「嗯，是的……嗯嗯！」

剎那間，往事一一湧現，視線逐漸模糊了，淚珠子便成串的落下來。真的老了唷！有一天，我們終於又會同在一起，聽他對我老土打扮的嘲弄，我就揭發他那條「陰溝」，一直還在嚴重的堵塞著。

文學叢書 714

十年顛沛一頑童

作　　者　王正方
總 編 輯　初安民
責任編輯　林家鵬
美術編輯　黃昶憲
校　　對　吳美滿　王正方　林家鵬

發 行 人　張書銘
出　　版　INK 印刻文學生活雜誌出版股份有限公司
新北市中和區建一路249號8樓
電　　話　02-22281626
傳　　真　02-22281598
e-mail : ink.book@msa.hinet.net
網　　址　舒讀網http://www.inksudu.com.tw

法律顧問　巨鼎博達法律事務所
施竣中律師
總 經 銷　成陽出版股份有限公司
電　　話　03-3589000（代表號）
傳　　真　03-3556521
郵政劃撥　19785090 印刻文學生活雜誌出版股份有限公司
印　　刷　海王印刷事業股份有限公司

港澳總經銷　泛華發行代理有限公司
地　　址　香港新界將軍澳工業邨駿昌街7號2樓
電　　話　852-27982220
傳　　真　852-31813973
網　　址　www.gccd.com.hk

出版日期　2023年 9 月　初版
ISBN　978-986-387-665-6
定價　350元

國家圖書館出版品預行編目資料

十年顛沛一頑童／王正方著. --
初版. –新北市 : INK印刻文學, 2023.09
面；　公分. -- (印刻文學 ; 714)
ISBN 978-986-387-665-6(平裝)
1.CST: 王正方 2.CST: 傳記
783.3886　112010098